本书是中国教育学会 2021 年度教育科研中小学德育专项重点课题"家校社协同视角下省域家庭教育指导的体系建构与推进策略研究"（课题编号：21DY280603ZA）研究成果。

中小学家庭教育指导理论与实践

主　审　周国炳

主　编　刘育聪　赵华群　马云飞

副主编　宋玉龙　代礼金　付映春
　　　　曹　英　赵红霞　颜鹏程

参　编　庞　超　吴　煜　傅洪成
　　　　安　琼　唐　艳　李晓琴
　　　　雷　珍　余翠兰　李世明
　　　　赵光瑛　叶礼娟　陈练红
　　　　毛伍呷　宋　梦　肖世兰

西南交通大学出版社
·成　都·

图书在版编目（CIP）数据

中小学家庭教育指导理论与实践 / 刘育聪，赵华群，马云飞主编. -- 成都：西南交通大学出版社，2025.5.
ISBN 978-7-5774-0423-3

Ⅰ.G782

中国国家版本馆 CIP 数据核字第 20255Z0S22 号

Zhongxiaoxue Jiating Jiaoyu Zhidao Lilun yu Shijian

中小学家庭教育指导理论与实践

主　编 / 刘育聪　赵华群　马云飞

策划编辑 / 张华敏
责任编辑 / 张华敏
封面设计 / 墨创文化

西南交通大学出版社出版发行
（四川省成都市金牛区二环路北一段 111 号西南交通大学创新大厦 21 楼　610031）
营销部电话：028-87600564　　028-87600533
网址　https://www.xnjdcbs.com
印刷　四川煤田地质制图印务有限责任公司

成品尺寸　170 mm×230 mm
印张　12.5　　字数　223 千
版次　2025 年 5 月第 1 版　　印次　2025 年 5 月第 1 次

书号　ISBN 978-7-5774-0423-3
定价　56.00 元

课件咨询电话：028-81435775
图书如有印装质量问题　本社负责退换
版权所有　盗版必究　举报电话：028-87600562

Preface 序言

家庭是人生的第一所学校，家庭教育是教育的基础和起点。自党的十八大以来，习近平总书记多次在不同场合强调了家庭教育的重要性。他曾在全国教育大会上指出，家庭是人生的第一所学校，家长是孩子的第一任老师，要给孩子讲好"人生第一课"，帮助扣好人生第一粒扣子。从幼年到青少年时期所受家庭教育的好坏，会影响人的一生。家庭教育在人的成长过程中起着基础性与关键性作用。

对每一个家庭来说，父母及其他监护人作为孩子的养育者，承担着立德树人的重要使命；而父母及其他监护人为了提高家庭教育水平，也迫切需要接受科学的家庭教育指导。因此，加强对家庭教育的指导服务，推动家校社协同育人，已成为当前教育改革和发展的重要任务。

然而，在现实中，家庭教育与家庭教育指导工作仍面临着诸多问题：一方面，部分家长教育理念落后、教育方法简单粗暴、家校共育意识薄弱，这些问题在很大程度上影响了未成年人的健康成长和全面发展；另一方面，中小学教师在开展家庭教育指导工作时，存在指导内容单一、形式僵化、专业能力欠缺等问题，这些问题不仅影响了家庭教育指导的效果，也制约了中小学教育质量的提升。针对这些问题和挑战，我们编写了本书，旨在通过对中小学家庭教育指导实践的分析和经验总结，展示中小学开展家庭教育指导工作的不同类别及实践效果，疏解家庭教育中的常见困惑，为广大教育工作者和家长提供有益的参考和科学的指导。

本书有以下特点：

1. 紧密结合中小学学生的身心发展特点和家长的实际需求，提供了一系列科学的家庭教育指导方法，以帮助家长更好地开展家庭教育活动。

2. 通过分析家校社协同育人的实践经验和教训，并结合家庭教育指导工作的实际问题，提出了改进建议，具有较强的实践指导意义。

3. 本书在总结前人研究成果的基础上，结合新时代家庭教育的特点和需求，提出了一系列新的理念和方法，具有一定的创新性。

本书是四川省"刘育聪家庭教育指导名师工作室"的集体智慧与结晶。其编写汇聚了该工作室的团队力量，充分发挥了工作室的专业优势。工作室成员来自全省不同的地区和学校，他们均具有丰富的家庭教育指导工作实践经验和深厚的学术功底，他们为本书的编写提供了宝贵的案例、意见和建议，完善和丰富了本书内容。

本书主编刘育聪老师是四川省"刘育聪家庭教育指导名师工作室"领衔人，多年来在她的带领下，工作室一直致力于推动家庭教育指导工作的创新与发展，通过多年的努力和探索，取得了丰硕的成果，积累了丰富的实践经验，本书正是这些经验和成果的总结和提炼。

在编写本书的过程中，我们参考和引用了部分专家学者的研究成果与观点，在此对相关作者表示衷心的感谢！另外，我们还邀请了多位知名专家和学者对本书内容进行审核和把关，专家和学者们给出了宝贵的意见和建议，确保了本书的科学性和学术性，在此对他们深表谢意！

尽管我们在编写过程中付出了巨大的努力，但由于专业水平有限，加之中小学家庭教育指导工作涉及面广、内容复杂，以及时间和条件的限制，使我们难以做到尽善尽美，因此书中不妥之处在所难免，恳请各位读者、专家学者批评指正，以便我们进一步修订完善；同时，我们也希望本书能够激发更多人对家庭教育和中小学家庭教育指导工作的关注和重视，共同推动中小学家庭教育指导工作规范化、科学化发展。

2024 年 12 月

目录 / Contents

第一章 绪　论 ··· 001
中小学开展家庭教育指导服务的时代意蕴 ·· 002

第二章 家校社协同开展家庭教育指导服务 ······································· 007
关于开展"学校家庭教育指导服务体系建设"的探索 ································ 008
构建家校共同体，提升协同育人质效 ··· 012
家校共育视域下中学生心理健康的路径探索 ··· 020
为留守儿童"护心"，家校社如何共筑"防线" ······································· 024
以德育活动促进家校社联合育人的实践探索
　　——以在班级中开展德育活动为例 ·· 030
家校社联动，助力高中生高考后心理平稳过渡 ··· 036
家校携手　智启未来
　　——以智慧教育平台重塑家校交流 ·· 040
家校共育　携手同行
　　——李晓琴工作站家委会会议暨家长开放日活动案例 ······················· 044
家校共育的力量——小罗的成长故事 ·· 047
特色文化引领与健全人格养成
　　——凉山州会东县和文中学开展家校社协同育人实践案例 ················ 050
家校共育　静待花开 ··· 054
多视角下农村小学家庭教育指导路径
　　——以攀枝花市西区格里坪镇小学校为例 ······································· 058
以爱为桥，沟通为道，家校合作共育幸福之花 ··· 062
见字如面
　　——家校共育的书信沟通途径 ·· 065

第三章 教师如何开展家庭教育指导服务 … 069

 基于初中学生成长需要的家长会探索 … 070

 教师如何指导家长倾听孩子 … 075

 "3I 策略"让单亲家庭实现自我赋能 … 080

 及时关注　防患于未然
  ——入户家访案例 … 083

 课堂上的泪与血 … 087

 单亲家庭和留守儿童家庭教育指导案例 … 090

 以优势视角指导离异单亲家庭教育
  ——以初中生家庭教育指导工作为例 … 093

 焦虑的家长与消极的孩子
  ——家庭教育指导案例分析 … 097

 喜德县乡村小学家庭教育面临的问题及对策 … 101

 爱与成长的旅程 … 104

 我与学生的约定 … 107

 感恩有您 … 109

 那幸福值得期待
  ——一个"问题"孩子的蜕变 … 112

 家长的认可，让我的教育更从容 … 114

第四章 如何助力家长更好地开展家庭教育 … 117

 以爱之名，解爱之枷
  ——对高中学生家庭教育的思考 … 118

 浅谈对青春期孩子的家庭教育策略 … 125

 "预见"方能"遇见"
  ——高中家长如何做好孩子的生涯教育 … 131

 培养子女的规则意识 … 135

 智慧语言　赋能孩子
  ——儿童语言教养的时机和方式 … 140

 做一个让孩子参与家务劳动的智慧家长 … 147

孩子没考好，家长怎么办 ··· 151
让孩子多一些自主时间和空间 ·· 154
如何培养孩子的心理韧性 ·· 157
助力孩子成功迈向初中生活
　　——家长可以这样做 ·· 159
青春期的心理特征与应对方式 ·· 161
时光不语，"陪伴"花开 ·· 166
初中家庭教育工作的探索 ·· 169

第五章　中小学家庭教育指导校本课程的开发与实践 ············ 173
小学家庭教育指导课程探索与实践 ···································· 174
核心素养视域下"初中家庭教育指导"校本课程开发实践 ······ 179
浅议家庭教育指导校本课程评价机制建设 ·························· 183

参考文献 ·· 189

第一章

绪 论

本章对家庭教育与中小学开展家庭教育指导服务的原则、策略及方法进行了详细阐述和辨析,为后续章节的家庭教育指导服务实践内容奠定了理论基础,明确了家庭教育指导的工作方向。

中小学开展家庭教育指导服务的时代意蕴

四川省内江市第一中学　赵华群

一、家庭教育与家庭教育指导概述

2022年1月正式施行的《中华人民共和国家庭教育促进法》的核心要义是"弘扬中华民族重视家庭教育的优良传统,引导全社会注重家庭家教家风,增进家庭幸福与社会和谐,培养德智体美劳全面发展的社会主义建设者和接班人",为此,提出了开展学校家庭教育指导服务的理念:首先,要注重家庭教育的独特性,理解并尊重每个家庭的差异,建立和谐正向的亲子关系,鼓励培养孩子的独立性、自主性和社会责任感;其次,明确家长在家庭教育中的主体责任,依法履行家庭教育职责,严格遵循孩子的成长规律,注重指导家长对未成年人道德品质、身体素质、生活技能、文化修养、行为习惯等育德、育人和育能力方面的目标要求,共同促进未成年人"德智体美劳"全面发展;最后,强化家校社协同育人机制,探索新时代家庭教育新模式,促进家庭教育水平不断提升,助力孩子健康快乐成长。

下面我们介绍家庭教育与家庭教育指导的相关概念。

家庭教育:是指父母或者其他监护人为促进未成年人全面健康成长,对其实施的道德品质、身体素质、生活技能、文化修养、行为习惯等方面的培育、引导和影响。教育始于家庭,家庭教育伴随和影响人的一生,对一个人的成长至关重要;同时,家庭教育也是国民教育体系的重要组成部分,是社会教育和学校教育的基础、补充和延伸。

家庭建设:未成年人的父母或者其他监护人及其他家庭成员应当培育积极健康的家庭文化,树立和传承优良家风,弘扬中华民族传统美德,共同构建文明、和睦的家庭关系,为未成年人健康成长营造良好的家庭环境和氛围。

家庭教育指导:根据《中华人民共和国家庭教育促进法》,相关机构和人员为提高家长的自我素养和教育子女的能力而提供的专业性支持、服务和引导,即在道德品质、身体素质、生活技能、文化修养、行为习惯等五方面指导家长提升教育水平,以更好地落实"立德树人"的根本任务。

家风：是指有伦理亲缘关系的家庭成员在长期的家庭生活中逐渐形成并传承下去的生活习惯、生活方式、行为规范、价值观等。

家训：是指对子孙立身处世、持家治业的教诲。家训历来是中国传统文化的重要组成部分，也是家庭教育不可忽视的重要一环。家训对个人修身、齐家发挥着重要作用，在国家不安定和国法不明确的时候，家训往往发挥着稳定社会秩序的作用。

二、中小学开展家庭教育指导服务的重要性

家庭是人类自然关系和社会关系的统一，是社会的细胞，也是个体与社会联系的桥梁。对于每一个家庭来说，父母及其他监护人作为孩子的养育者，承担着立德树人的重要使命；而父母及其他监护人为了提高家庭教育水平，也迫切需要接受科学的家庭教育指导。因此，加强对家庭教育的指导服务，推动家校社协同育人，已成为当前教育改革和发展的重要任务。

2022年1月1日，《中华人民共和国家庭教育促进法》正式实施，为家庭教育提供了法律保障，家庭教育从家事上升为国事，"依法育娃"成为家庭教育常态。2023年教育部等十三部门联合印发《关于健全学校家庭社会协同育人机制的意见》，明确提出健全学校、家庭、社会协同育人机制，为中小学开展家庭教育指导工作指明了方向。2024年教育部等十七部门联合印发《家校社协同育人"教联体"工作方案》，再次明确学校要发挥主导作用和专业指导优势。这些政策文件的相继出台，反复强调了家庭教育的重要性与中小学开展家庭教育指导工作的时代性，为中小学开展家庭教育指导工作提供了理论依据，也提出了实践要求。

中小学开展家庭教育指导服务的重要性体现在多个层面：

第一，国家层面。家庭教育是国民教育的重要支柱，关乎国家发展、民族进步和社会和谐。

第二，学校层面。家庭教育是教育的起点和基点，学校通过开展家庭教育指导服务，能够加强与家长的沟通和合作，以便学校和老师更好地了解学生的家庭背景、家庭氛围、家庭关系，同时帮助家长解决教育过程中的困惑和问题，形成家校教育合力，提高教育的针对性和实效性，提升教育质量。

第三，社会层面。形成家庭教育社会支持网络。通过家、校、社协同组织开展亲子活动和社会实践活动，增进亲子关系，培养学生的社会适应能力、社会责任感和独立生活能力，促进学生的全面发展。

综上所述，中小学开展家庭教育指导服务对于促进家校合作、提升家长教育水平和能力、丰富学校的教育指导服务内容、形成家庭教育社会支持网络以及促进学生全面发展都具有重要的意义。

三、中小学开展家庭教育指导服务的原则和策略

（一）中小学开展家庭教育指导服务的原则

中小学开展家庭教育指导服务的原则主要包括以下几点：

一是坚持立德树人原则，以社会主义核心价值观为引领，注重弘扬中华优秀传统文化，帮助家长更新家庭教育观念，培养未成年人正确的世界观、人生观、价值观。

二是坚持以人为本原则，尊重未成年人的成长规律和教育规律，把未成年人放在首位，指导和帮助家长创造有利于未成年人健康成长的家庭环境。

三是坚持家校共育原则，积极建立家校合作机制，通过多种方式加强与家长的交流，共同关心学生的成长。

四是坚持需求导向，关注未成年人和家长的实际需求，提供有针对性的多元化指导服务。

五是坚持创新发展原则，结合新时代家庭教育的新问题、新趋势，不断创新家庭教育理念、指导服务模式和家校合作机制。

六是全面促进家庭家教家风建设，通过"家长学校""社区家长学校"等方式，帮助和引导家长更新家庭教育观念，树立良好家风，促进未成年人健康成长、全面发展。

（二）中小学开展家庭教育指导服务的策略

中小学开展家庭教育指导的主要策略包括：

第一，强化新时代家长委员会和家长学校建设，实现全校家长委员会、家长学校建设全覆盖，提高家长的家庭教育专业化水平。

第二，加强家庭教育指导团队建设，全面加强家庭教育和心理健康教育指导教师的培养，建立专兼职相结合的指导教师队伍。

第三，学校需充分重视家校合育、成长共促的家庭教育指导服务工作，与家长达成一致的育人目标和理念，帮助家长树立科学的育人观。

第四，班主任或教师需与家长进行良好的沟通合作，共同促进学生健康成长。

四、中小学开展家庭教育指导服务的组织形式和队伍建设

（一）中小学开展家庭教育指导服务的组织形式

中小学开展家庭教育指导服务的组织形式是多种多样的，无论采用哪种形式，其目的都是促进家校合作，共同推动孩子的健康成长。

中小学开展家庭教育指导服务的常见形式是集体指导和个别指导。

1. 集体指导

集体指导是一种高效指导服务形式，它通过开展集体活动，助力家长树立正确的家庭教育观，掌握科学的教育方法，以提高家庭教育质量。具体形式包括：

（1）开展家庭教育专题讲座、家长课堂等，给家长讲授科学的家庭教育理念和方法。对家长进行家庭教育指导，强调家庭是孩子成长的第一课堂，家长是孩子的第一任老师，让家长树立正确的责任意识，知悉家庭教育在孩子成长中的重要作用，指导家长树立正确的家庭教育观并掌握科学的家庭教育方法。

（2）定期召开家长会，方便教师与家长沟通孩子的情况，共商教育策略。

（3）开展家庭教育经验交流会或家校沙龙，针对家庭教育中普遍存在的问题进行解答和指导。

（4）建立微信群、QQ 群等，教师和家长通过网络平台实时交流和沟通，分享教育经验。

（5）开展读书分享会，通过学校老师、家长和孩子共读一本关于家庭家教家风、育德育人育能力的书籍，促进家校共育、成长共促的落实。

（6）学校也可通过设立家长学校、家校社协同育人指导中心，建立学生心理预警机制、家校常态化沟通机制等，进一步促进家校合作，共同为学生的健康成长和全面发展提供支持。

2. 个别指导

个别指导形式旨在有针对性地帮助家长更好地理解和教育孩子，提高家庭教育的质量和效果，促进孩子的全面发展和健康成长。

个别指导主要包括以下方式：

（1）开展家长个性化咨询服务或电话访谈，解答家长在家庭教育方面的困惑。

（2）设立家长接待来访制度，帮助家长排忧解难。

（3）鼓励班主任或任课教师对有特殊需求的学生家庭进行专题或单独家访，指导家长做好家庭教育。

通过上述这些措施，使学校与家庭形成更加紧密的合作关系，共同为孩子的健康成长提供支持。

（二）中小学开展家庭教育指导服务的队伍建设

中小学家庭教育指导服务的队伍建设是当前家庭教育事业发展的重要一环。为构建良好的家庭教育指导服务体系，需要加快家庭教育专业人才的队伍建设。

第一，多部门应联动制定相关政策文件，以学校为单位建立家庭教育指导服务机构，组建专业队伍，促进家庭教育指导服务模式转型升级，不断完善家庭教育指导服务体系建设。

第二，通过系统学习，培养专业的家庭教育指导工作者。例如，定期举办针对家庭教育指导工作者的专题讲座，宣传家庭教育法律法规和家庭教育的核心理念，传授科学育儿的方法与实践技巧，指导家长履行家庭教育责任等；围绕儿童与青少年心理发展特点，讲解常见心理问题的识别与应对，强调家庭教育在预防与干预中的重要作用。

第三，关注并促进家庭教育指导工作者自身的成长与发展，包括情绪管理、沟通技巧与持续学习的重要性，以提升家庭教育指导工作的专业性和有效性。

第二章

家校社协同开展家庭教育指导服务

家校社开展家庭教育指导首先要明确指导目标、明晰家庭教育方向；在工作过程中分享教育理念，提供具体教育策略，定期开展家庭教育相关讲座、组织家长沙龙、分享在线资源等，引导家长树立正确的教育观，掌握科学的教育方法，提升教育水平和能力，提高家庭教育质量，最终形成家校共育合力，将学生培养成"德、智、体、美、劳"全面发展的新时代社会主义建设者和接班人。

关于开展"学校家庭教育指导服务体系建设"的探索

四川省内江市第一中学　赵华群
四川省隆昌市第二中学　刘育聪

教育始于家庭，家庭是社会的基本细胞，是人生的第一所学校。家庭教育伴随和影响人的一生，对一个人的成长至关重要；同时，家庭教育也是国民教育体系的重要组成部分，是社会教育和学校教育的基础、补充和延伸。家庭教育不到位，不仅会抵消学校教育的效果，还会给孩子的发展造成一定的消极影响。因此，在家庭教育已纳入公共服务领域的当前，学校要充分发挥对家庭教育的指导服务作用，只有这样才能形成家校协同共育机制，同心同德、同向同力，使家庭教育与学校教育同频共振，共同落实"立德树人"这一新时代高质量教育发展的根本目标。

基于此，四川省"刘育聪家庭教育指导教学名师工作室"（以下简称"工作室"）开展了学校家庭教育指导服务体系建设与实践。

一、工作室开展学校家庭教育指导服务体系建设的理念

工作室自 2022 年 12 月成立以来，在领衔人刘育聪老师的带领下，工作室依据国家关于家校社协同育人、家庭教育指导和家庭教育方面的政策和法律法规，特别是 2022 年 1 月正式施行的《中华人民共和国家庭教育促进法》的核心要义"弘扬中华民族重视家庭教育的优良传统，引导全社会注重家庭家教家风，增进家庭幸福与社会和谐，培养德智体美劳全面发展的社会主义建设者和接班人"的要求，提出了开展学校家庭教育指导服务工作体系建设理念：

第一，立德树人，五育并举。家庭教育指导以践行社会主义核心价值观、弘扬中华优秀传统文化为宗旨，将对未成年人进行道德品质、身体素质、生活技能、文化修养、行为习惯等育德、育人和育能力方面的家庭教育作为指导内容，共同促进未成年人"德、智、体、美、劳"全面发展和人格完善。

第二，家校共育，同向同行。积极建立家校合作机制，强化家长在家庭教育中的主体责任,教师起主导作用,通过多种方式加强与家长的沟通交流，共同关心和促进学生的健康成长。

第三,需求导向,创新服务。结合新时代家庭教育的新问题、新趋势,关注学生和家长的实际需求,提供有针对性的多元化指导服务,不断创新家庭教育理念、指导服务模式和家校合作机制,帮助和引导家长更新家庭教育观念,树立良好家风,促进学生健康成长。

二、工作室开展学校家庭教育指导服务体系建设的目标

《中华人民共和国家庭教育促进法》明确指出:家庭教育指导是指相关机构和人员为提高家长教育子女的能力而提供的专业性支持、服务和引导。工作室经过认真学习研读国家关于家校社协同育人、家庭教育指导和家庭教育方面的政策和法律法规,以及开展的一系列家庭教育指导实践活动,对家庭教育的内涵、根本任务、主体职责、原则、工作机制、支持保障、家庭责任、国家和学校的支持、社会协同等有了很深的感悟和体会;同时,基于本工作室的发展理念"开展家庭教育指导,培育有理想、敢担当、能吃苦、肯奋斗的时代新人",提出了学校家庭教育指导服务工作体系的建设目标:

第一,工作室成员(学员)继续学习,尽快成长为专业的家庭教育指导师,同时通过培训指导带动更多教师、班主任成为家庭教育指导服务工作者。

第二,开发学校开展家庭教育指导服务的系列培训课程。

第三,开展家庭教育指导服务,以引导家长提高在家庭教育中依法育娃的能力和水平。

三、工作室开展学校家庭教育指导服务体系建设的途径

为了更好地达成学校开展家庭教育指导服务体系建设的目标,工作室构建了学校家庭教育指导服务支持体系、内容体系和方法体系。

(一)支持体系

工作室聚焦"'家庭教育指导'教学"榜单任务,始终坚持"家庭教育指导,让社会更美好"的初心,始终秉持"培育雁阵精神,赋能发展团队"的理念,规划组织了专家、成员、教师三大支持体系。

1. 工作室专家体系

工作室在正高级教师、省特级教师、"天府青城领军人才"、教书育人名师刘育聪的带领下,在四川省教育科学研究院德育与家庭教育研究员马云飞博士、内江师范学院教育科学研究院院长庞超教授(博士),四川省内江市教

育科学研究所德育与心理健康教育研究室主任、家庭教育研究员（正高级）、特级教师吴煜以及四川省名师工作室领衔人、正高级教师傅成洪四位导师的指导下，设置了秘书组、活动组织组、宣传组、课题研究组、成果收集和档案管理组等，凝心聚力开展工作。

2. 工作室成员体系

工作室由来自四川省 12 个地市州的一百多名成员（青年学员）组成，其中正高级教师 7 名，特级教师 3 名，高级教师 26 名；拥有硕士研究生学历 9 人，心理咨询师、家庭教育指导师 23 人。这些成员分别来自幼儿园、中小学、高等院校等，团队赋能，服务中坚。

3. 工作室教师体系

工作室依托于专家团队的宏观指导，整体统筹，由来自各地市州的心理咨询师、家庭教育指导师引领培训青年学员考取资格证书，成为专业的家庭教育指导师，再支持服务于各地市州学校的教师、班主任，使其成为家庭教育指导者，合力开展家庭教育指导服务，引导家长提高培育子女的能力，并推广应用到整个四川省乃至全国，以达到真开发、真指导、真服务、真辐射的目的。

（二）内容体系

《中华人民共和国家庭教育促进法》第一章总则第十一条指出："国家鼓励开展家庭教育研究，鼓励高等学校开设家庭教育专业课程，支持师范院校和有条件的学校加强家庭教育学科建设，培养家庭教育服务专业人才，开展家庭教育服务人员培训"。基于此，工作室开发了家庭教育指导服务课程内容体系，即：道德品质（育德）、身体素质和行为习惯（育人）、文化修养和生活技能（育能力）三大目标内容。

在上述道德品质（育德）、身体素质和行为习惯（育人）、文化修养和生活技能（育能力）目标内容体系下，工作室根据学生身心发展特点和表现，开发出两种课程类型：首先根据中华民族五千年传统文化中关于家庭家教家风等方面的论述和要求，开发出既适合中国国情和中国普通家庭现状，又能体现新时代义务教育阶段学生特点的家庭教育指导服务通识性课程体系；其次通过问卷调查和个案访谈等方式了解当下家长在家庭教育过程中存在的困惑和难题，开发出适合特殊家庭或特殊孩子的家庭教育指导服务特色性课程体系。其中，通识性家庭教育指导内容主要在初一年级普及，特色性家庭教育指导内容在初中各年级按需逐步使用,以促进家长的家庭教育能力全面提升。

此外,在通识性和特色性服务课程体系框架下,工作室还开发出用于学校家庭教育指导服务的"课程设计、课件、实录、反思、说明"五个课程资源体系,以便于家庭教育指导者利用这些资源更好地开展家庭教育指导服务。

(三)方法体系

工作室作为四川省唯一一个以家庭教育指导为首要任务的名师工作室,在国家政策支撑下,在四川省教育厅带头下,在四川省教师发展中心指导下,由家庭教育方面的权威专家倾力指点,工作室成员汇聚了既有教育学和心理学理论水平又有实践经验的省级"家庭教育指导"教学名师,着力培养周边学校教师成长为家庭教育指导专业教师,助力"家、校、社"协同育人,进而开创育人新格局。

工作室自成立以来开展"家庭教育指导服务学习研修"145次,"读书说书"活动20余次,开展"家长课堂"105次,专题讲座、公众号推送案例156项,省市立项课题14项,发表论文93篇,指导青年教师获奖21项,"送教送培"凉山州和农村学校10余次,对外媒体宣传63次,活动简报113期,为促进四川省家庭教育指导服务的进一步提升努力探索着、实践着,并将总结的理论体系与实践经验凝练成本书。本书作为四川省"刘育聪家庭教育指导名师工作室"的集体智慧与结晶,希望能给家庭教育指导工作者、教育同行、家长提供好的借鉴、参考与指导。

我们坚信,在四川省"刘育聪家庭教育指导名师工作室"全体成员的共同努力下,其开发构建的"学校家庭教育指导服务"工作体系一定能落实、落细,也一定能让"家、校、社"更加协同,共同促进学生全面健康成长。

构建家校共同体，提升协同育人质效

四川省隆昌市第二中学 刘育聪

家庭教育内容繁多，学校开展家庭教育指导的方法、途径也是灵活多样的。教师如何开展专业的家庭教育指导，才能实现有效的家校共育，才能提升协同育人质效呢？笔者将从以下三个方面阐述：理解家校共育；家校共育现状；构建家校共同体。

一、如何理解家校共育

近年来，有越来越多的学者将"共同体"理论引入教育领域，为探讨家校共育提供了新视角。首先，我们一起来理解"共同体"的概念：它是指居住在同一地区的人组成的团体，或者在宗教、种族、职业等方面具有共同特性的人组成的团体，也可以是基于某种共同利益、态度、价值观及情感认同的人组成的团体或相互支持的关系。这是一种和谐的状态，如果家校关系能达到这种状态，则是教师和家长都期待的。

共生是人类之间、自然之间以及人与自然之间形成的一种相互依存、和谐、统一的命运关系。共生理论是由美国生物学家马古利斯等人在"盖亚假说"的基础上提出来的。他们认为，生命有机体与新的生物群体融合的共生是地球上所发生的进化过程中最重要的创新来源。了解了共生理论，我们理解家校共同体就很容易了。苏联教育学家苏霍姆林斯基曾把学校和家庭比作两个教育者，他认为，这两者不仅要行动一致，向孩子提出同样的要求，而且要志同道合，抱着一致的信念。这里特别强调了行动一致、志同道合，这就是我们期待的家校共育的状态。

我国教育研究者马忠虎认为：家校合作实质上是联合了对学生最具影响力的两个社会机构——家庭和学校的力量，对学生同时进行教育。在教育活动中，家庭和学校要相互支持、共同努力，即在家校共同体中应坚持"四同"原则：同心、同向、同力、同行。"四同"原则分别代表着目标一致、达成共识、相互支持以及家校之间的有效协作，这就是家校共育应有的状态。

二、家校共育现状

现实中的家校共育并不都是和谐、完美的，存在诸多问题，例如：

（1）信息传输形式单一。我们日常的家校沟通方式主要有家长会、家长开放日、家庭教育主题讲座等，但这些方式都有一个共同特征：学校、教师主动输出而家长被动接受。这种以输入为主的单向信息传输状态就是以学校和教师为中心，教师在其中拥有绝对权威，学生及家长服从教师的管理，尤其是班主任的管理，这种状态下的家校合作，使得很多家长几乎是处于家校协同育人的缺位状态，导致家校共育缺乏实效性。

（2）学校和家长的目标并不完全一致。虽然学校和家长的共同目标都是孩子能健康成长，但家长的需求可能更倾向于自己的孩子受到来自学校、班级全方位的重视和培养，而学校则会立足于群体发展中孩子的主动适应性培养及家庭教育给予孩子的群体适应指导。因此，在家校共育合作中，因为彼此理解和需求的差异，隐藏着不一致的目标。

（3）各个家庭的教育形态呈现随意性、不等性。因为家长陪着孩子从小长大，对孩子的认知、了解很容易陷入一种固有的思维模式。孩子的成长在飞速变化，而家长的教育却因为缺乏系统的学习和思考而出现严重滞后的现象。家长们的素养、受教育程度不同，导致他们对教育的理解、支持与重视也不同，自然就导致家校共育的效果不同，即有的家长做得较好，而有的家长做得不够。

（4）家庭教育指导者的专业性不强。有的学校主要依靠班主任和部分心理学科教师开展家庭教育指导工作，这些教师往往缺乏专业的家庭教育知识和技能，在家庭教育指导方面缺乏专业性、创新性和多样性，仅依靠实践经验和传统方式工作，无法满足不同家庭的具体需求。

（5）家校沟通内容不够深入。学校和教师往往只重视学生的学业成绩，未能针对家长在家庭教育中的实际困惑和问题进行深入探讨和解答，学校没有符合学生年龄特征且与学校育人目标相匹配的指导家长的相关课程，也没有符合时代发展、与指导家长课程相配合的系统化主题活动，更没有完善的解决特殊家庭教育困惑的帮扶体制。

三、如何构建家校共同体

学校作为家校协同育人的主阵地，教师作为家校协同育人的主体，该如何开展专业的家庭教育指导，构建和谐的家校共同体呢？可以从以下四个方面做起。

（一）政策学习——明确家校责任

我国现代家庭教育的标志性事件：1980年北京市成立了家庭教育研究会；1996年全国妇联和教育部联合颁布了家庭教育五年计划；2010年全国妇联、教育部等七部委联合发布了《全国家庭教育指导大纲》；2015年教育部发布了《关于加强家庭教育工作的指导意见》；2017年教育部发布了《中小学德育工作指南》；2018年习近平总书记在全国教育大会上发表重要讲话，指出办好教育事业，家庭、学校、政府、社会都有责任；2020年第十三届全国人民代表大会第三次会议通过了《中华人民共和国民法典》，其中明确规定了家庭应当树立优良家风、弘扬家庭美德、重视家庭文明建设，父母有教育保护未成年子女的权利和义务；2021年教育部发布了《中华人民共和国家庭教育促进法》，其中第13条明确规定：每年5月15日为国际家庭日，所在周为全国家庭教育宣传周；2022年，教育部新增了家庭教育本科专业，于2023年开始招生。

从以上标志性事件的时间点可以看出，国家对家庭教育的重视程度越来越高，从各方面强调了家校共育的重要意义、具体责任和方式途径，同时也对作为家校共育主体的教师和家长提出了具体要求。因此，提升教师的家庭教育指导水平和能力成为迫切需要落实的任务。

（二）课题引领——夯实教育能力

作为实施家校共育的主阵地，学校应成立家校共育课题学习研究小组，通过学习研究，夯实教师的教育能力，让教师从经验型向学习型转型，最后成为研究型的教育工作者。参与教育科研是提高教师专业素养的需要，是锻造研究型教育的需要。随着时代的迅猛发展和科技进步，教育信息化成为当代教育的主旋律，作为实施教育的教师，绝不能仅依靠经验工作，要通过课题研究、读书研讨、实践探索等途径，形成"阅读、研讨、实践、提升"的良性循环发展状态，使自己从日常教育问题现象的讲述者转变成理性的思考者。因为人的思想源自思考，而思考植根于研究。

那么，作为家校共育主体的教师应具备哪些能力呢？教师工作的五大职责范畴包括：学生思想工作，班级管理工作，组织班级活动，职业指导工作，沟通协调工作。其中，沟通协调工作要求教师应全面及时了解学生在家庭和社区中的表现，要帮助、引导家长和社区配合学校做好学生的教育管理工作，因此，一名合格的教师应具备管理能力、沟通能力、危机应对能力、班团建设能力以及心理洞察与辅导能力。

（三）专家聚智——健全育人机制

为了让家校共育得到有效实施，不仅要提升教师的教育水平和能力，还需要来自相关学科的专业指导以及学校层面的机制保障，只有形成健全的家校协同育人机制，才能保障家校共育得到有效实施。比如，成立三级家委会，即由家庭教育专家、心理教育专家以及家长代表（可以是行业专家）等组成家庭教育指导委员会，该委员会既能对家校共育工作进行指导，同时也能对具体实施情况进行监督。其中，家长参与家校共育专家指导团队是非常重要的，家长代表能够充分收集家长的教育困惑和难题，并将这些困惑和难题最直接、最有时效性地提供给专家团队，同时还能够实时跟踪和反馈真实的信息，让家校共育真正解决实际问题，让家长从家庭教育的被动接受者成为家庭教育的主动思考者。

（四）课程实施——提升育人质效

1. 设计课程内容

以学生为中心，根据学生不同学段的发展目标和面临的普遍性问题设计课程内容：一是针对教师的提升家庭教育指导专业能力的培训学习课程；二是针对家长的更新教育理念、提升家长教育能力的培训课程。这些课程主要聚焦品德教育、家庭环境、情绪管理、人际交往、生涯规划、家长成长六大主题，旨在促进孩子的健康成长、全面发展。

（1）在小学阶段

在小学阶段的重要课题就是孩子的习惯养成。家长在孩子习惯养成的过程中起着至关重要的作用：

一是通过树立榜样、制定明确目标、设定合理期望、制定规则和奖励制度、持续关注和鼓励、保持耐心和一致性以及与孩子沟通等方法，帮助孩子养成良好的习惯。

二是掌握对孩子评价的艺术。影响儿童成长的决定性因素既不是天赋，也不是客观环境，而是外在环境对儿童的评价以及他们对自身与现实世界关系的看法。

三是如何看待考试成绩。一个孩子如果经常因为成绩不好而受到批评，他就会对学业丧失信心，从而讨厌学校甚至想逃学。因此，一旦遇到孩子逃学、旷课的情况，我们不必大惊小怪，而应从我们的教育方法上找原因，我们应该清楚糟糕的成绩单会给孩子带来的不良后果。有些老师认为，让孩子把自己糟糕的成绩单交给父母，这将督促孩子在学习上更加用心，但是，如果孩子的家长极为严苛，孩子是不敢把成绩单带回家的，这会导致什么后果呢？可能会让孩子不敢回家，甚至做出更极端的事情。在这种情况下，如果家长和老师能同情和理解孩子，并给予他们适当的鼓励，那对孩子来说则是一种非常温和的弥补。

四是让孩子学会承担责任。随着孩子年龄的增长，家长要适当给予孩子自主权，允许孩子在安全范围内做出自己的决策并承担由此产生的后果，也可以和孩子一起讨论并明确在家中的责任范围，如完成家务、照顾宠物等，以此还可以增进亲子关系。

（2）在初中阶段

一是入学适应及学习方法指导。教师要指导家长帮助孩子认识到初中与小学学习生活的差异：除了校园、老师和同学不同外，学习内容的变化会带来学习难度和压力的变化；学科的分化使学习形式也有所不同；教师对学生的管理形式不同，同学之间的关系也有所变化等等。针对这些问题，教师要指导家长提前做好心理准备，帮助孩子树立信心，使其顺利过渡到初中生活，应对各种挑战。

二是加强青春期教育及引导，建立和谐的亲子关系。初中阶段的孩子在生理上进入了一个快速发育的时期。身体的快速增长会使他们意识到自己不再是"小孩子"了，自我意识不断加强；同时，性发育开始了，首先是身体出现一些生理变化，即第二性征出现，使他们意识到性的存在，意识到两性差别，并对异性产生好奇心和接近倾向，感受到性的兴奋和冲动。这些变化会使他们内心产生一种"成熟感"，应对各种事件的能力会大大增强，家庭、社会也会向他们提出更高的要求，促使他们一步一步走向独立。他们会日益关心家庭中发生的各种事情，希望作为一个具有一定独立性、自主性的成员，在决策中发挥作用，这使他们在家庭中的地位和作用发生微妙变化，如果父母不能意识到这种变化，不主动调整自己与子女之间的关系，仍采用原来对待小孩子的办法去对待他们，就会产生矛盾或冲突，甚至伤害彼此间的感情。所以，教师要指导家长加深对青春期孩子的理解，掌握与青春期孩子的沟通技巧和艺术，建立和谐的亲子关系。

三是如何对待与异性交往的问题。这是青春期孩子的一个重要话题，教师要以高度的责任心、敏锐的洞察力和适当的言行及沟通方式来指导家长帮助孩子划清友谊和爱情的界限，让孩子认识到早恋对其发展的不利影响。

四是网络及手机管理问题。现在的网络手机游戏让很多学生上瘾，欲罢不能，因此，教师要指导家长以身作则，从上网的时间、地点以及上网的内容等方面做出榜样，同时对孩子的电脑和手机做适当管理，为孩子合理使用网络、电脑、手机保驾护航。

（3）在高中阶段

一是生命教育，培养健全人格这一主题。高中的孩子自我意识增强，身边的人际关系也发生了变化，学业压力也逐渐增大。要指导家长了解高中学生的心理特点与发展需求，帮助家长读懂孩子，帮助孩子顺利适应高中生活，解决孩子常见的心理行为问题，培养孩子积极健全的人格。

二是时间管理与目标培养。面对学业压力，指导家长帮助孩子规划时间，制定学习计划及目标，培养孩子应对学习挫折的能力。

三是缓解家长教育压力，帮助家长以平常心指导孩子高考，指导家长合理安排孩子的学习和生活，让孩子劳逸结合、身心愉悦，有张有弛，信心满满地面对高考。

四是理想和职业生涯规划教育，指导家长以身作则并从家庭的角色出发，帮助孩子树立正确的家国情怀、爱国意识，增强社会责任感、使命感。

上述课程内容可以调整，可以交错进行，只要结合孩子的成长困惑、家长的教育难题即可。当然，这些课程内容可以和家长、孩子们一起探讨设计，通过这样的话题活动，可以给课程设计带来更多灵感，获取更多的信息。

2. 课程实施

（1）采取4+授课方式，满足家长和学生多元化需求

基于学生身心发展要求，根据不同授课内容，采取学校授课、年级授课、班级授课和家长授课相结合的方式，满足家长和学生实际需求。学校授课是指由校长或专家从学校政策、家庭教育理论、家庭教育普遍性问题等方面对家长进行宏观引导，明确家庭教育目标。年级授课是指由年级主任或专家针对家庭教育中的主要问题给予指导。班级授课是由班主任或学科教师针对班级学生的家庭教育问题进行指导。家长授课是指邀请在相关问题上有应对智慧的优秀家长进行授课，让家长从家校共育中的被动接受者变为主动思考者。

（2）构建4+活动体系，"落实、做细"家庭教育指导服务工作

根据孩子的监护人和实际教育陪伴者的情况，结合大部分家长的工作时间需求，构建线上+线下、大课+小课、分段+分类和校内+校外的4+活动体系。

一是线上+线下教育融合，让家庭教育更具灵活性。线上、线下相结合能更好地整合资源，为家长提供优质的家庭教育指导服务。例如，我校利用新媒体平台，通过"安置校园""家长空中课堂"等网络学习平台，定期推送家

庭教育学习资源；班主任通过微信群、QQ 群等平台与家长进行沟通交流，进行有针对性的指导；定期开展线下培训服务，邀请专家学者开设专题讲座，有针对性地帮助家长解决家庭教育难题，比如在高考来临之际，指导家长帮助孩子缓解压力、轻松应考的家庭教育指导服务。

二是大课+小课，交互授课，让家庭教育更具时效性。大课是指学校年级统一规划，将所有参与学习的家长集中在一个教学场所进行授课，大课以讲授为主，主要开展一些普实性的、面向全体的家庭教育指导服务活动，普及家庭教育观念、家庭教育政策、亲子沟通策略等知识，帮助家长树立科学的家庭教育观念。小课是指以班级为单位进行的家庭教育指导活动，授课老师主要是班主任和学科老师，通过建立班级学生档案，开展班级"主题教育"活动，家长导学沙龙活动等，帮助家长全方位了解孩子的优缺点，挖掘学生兴趣点，设定科学合理的教育目标，解决家庭教育中出现的亲子关系问题。

三是分段+分类，按需指导，让家庭教育更具针对性。分段是指根据不同年级学生的成长规律和发展需求，分学段有序地开展指导服务工作。例如，在高一阶段主要帮助家长读懂青春期孩子，帮助孩子顺利适应高中生活，解决孩子常见的心理行为问题；在高二阶段主要是帮助家长对孩子进行合理规划，树立自信心，学会与人相处，构建和谐人际关系；在高三阶段主要帮助家长缓解自身焦虑，助力不同类型的学生应考和进行志愿填报等。分类是指学校根据实际情况，针对不同类型的学生和家庭实施针对性的家庭教育指导。例如，面向"双特"（家庭特困、学习特优）学生，学校定期调研，通过一对一咨询、家访等形式提供个性化支持，解决他们最为紧迫的家庭教育问题。

四是校内+校外教育活动，让家庭教育更具协同性。根据学校德育活动主题，学校会定期邀请家长到校参与学生的"主题教育"活动。例如，邀请家长参加孩子的 18 岁成人仪式，陪同孩子迈向成人之门，让家庭教育在体验中感受真实，与孩子共同成长。结合普通高中学生综合实践活动所涉及的社会实践项目，学校与社区联合组织学生定期参加社区开展的志愿服务活动、劳动教育活动等，引导学生走出校园、走进社会、服务社会，培养学生的实践能力和社会责任感。

（3）课程评价

针对课程的实施情况，要进行监督反馈，及时收集、整理反馈意见，建立一个完善的跟踪评价机制，使课程不断优化。教师通过参与家校共同体的构建，提升自身的教育理论认知和教育实践水平，有效提升班主任的班级管理能力、科研能力，实现教师队伍的专业化成长，为家校协同育人提供技术支持；同时，在这个过程中，应让家长参与课程的监督评价，让家长实现监督学习、鼓励学习、共同学习。家长参与家校共同体的构建，能更加深入地了解孩子不同年龄阶段的成长规律、了解学校整体的育人目标和策略，更有效地达成家校协作的一致性，改变家庭教育的孤岛状。总之，在家校协同育人过程中，学校与家长要互通共融，彼此达成一致，彼此借力，明确自身的主体责任，充分信任、支持对方，形成网状多元互联的发展平台，使家校共同体和谐发展。

  对每一个家庭而言，父母及其他监护人在教育孩子的过程中，承担着立德树人的重要使命，同时也有提升自身素养、提高家庭教育水平的强烈需求，有接受科学的家庭教育指导的迫切需要。家庭教育事关民族和国家的未来，学校推进家庭教育指导服务，是新时期学校构建高质量教育体系的重要任务。作为教育工作者，面对社会的关切、领导的重托、家长的需求、孩子的期盼，推进家庭教育指导工作，提高协同育人实效，我们责无旁贷！把家庭教育指导服务工作做实、做细，实现和谐的家校共育，提升协同育人质效，让学生在健康的家庭氛围、温馨的校园环境和广阔的社会大课堂中茁壮成长！

家校共育视域下中学生心理健康的路径探索

四川省攀枝花市第三十六中小学校　王丹

四川省攀枝花市西区教育和体育局　余翠兰

《中华人民共和国家庭教育促进法》于 2022 年 1 月 1 日起施行，可见我国越来越重视与关注家庭教育。学校教育是对家庭教育的补充和延伸，家校共育有利于孩子健康心理的形成。

一、家校共育在中学生心理健康教育中的重要性

学校和家庭是孩子成长的两大主要环境，对于他们的心理健康起着至关重要的作用。家庭为孩子提供情感支持和安全感；而学校则是孩子学习系统知识、开展社交和形成正确价值观的主要场所。家校共育模式能很好地将这两个环境紧密结合，为孩子创造一个更加和谐、相对一致的教育环境，有助于孩子形成健康的心理状态。

家校共育有助于唤起教师和家长对中学生心理健康问题的关注，通过家校之间的紧密合作和沟通，教师和家长能够更全面地了解学生在学校和家庭中的表现，及时发现学生潜在的情绪变化和心理问题，从而携手合作，共同帮助孩子解决心理困扰。而这一过程不仅可以提高教师和家长的心理健康教育能力，还可以为孩子提供更加专业、有效的心理支持和帮助。

家校共育有助于形成一致的教育理念和方法。教师和家长可以通过孩子在校和在家的种种表现，共同制定更有针对性的心理健康教育计划，确保双方在教育内容、方式和目标上保持一致。这种一致性有助于减少孩子在不同环境中可能面临的矛盾和冲突，进一步促进他们的身心健康发展。

家校共育还可以提升中学生的心理素质和应对能力。通过学校和家庭的共同努力，孩子可以学会更好地管理情绪、应对压力和处理人际关系，并培养健康的生活习惯、良好的行为习惯、广泛的兴趣爱好。这些能力和素质的提升有助于孩子更好地应对生活中的挑战和困难，正确看待自己情绪上的低落、心理上的失落，最终实现个体的全面发展。

二、当前家校共育在中学生心理健康教育中存在的问题

（一）教师和家长对中学生心理健康教育不够重视

受传统教育观念的影响，许多教师和家长过分关注学生的学习成绩，认为这才是教育的首要任务，忽视了孩子心理健康的重要性。这种倾向导致心理健康教育在家校共育中存在感不强，缺乏相应的关注和投入。殊不知，一个健康、积极的状态是学生取得优异成绩、建立良好人际关系、处理应急事件的前提。

（二）学校和家长之间缺乏有效的沟通和协作机制

尽管学校和家庭是孩子成长的重要环境，但双方往往因为经验不足、时间有限、沟通不畅、观念不同或意识淡薄，导致有效沟通与协作共育的缺失，致使孩子的心理健康教育在家校之间出现了断层。一旦教师和家长之间缺乏及时的信息交流和反馈，学生在家的表现教师无从知晓，学生在校的表现家长又很少过问，学校和家长不能形成合力，学生的心理健康教育工作就很难得到保障。

（三）心理健康教育资源在学校和家长之间分配不均

目前，很多学校缺乏专业的心理健康教育师资和设施，这导致各学校之间的心理健康教育质量参差不齐；而在家庭方面，由于家长的教育背景、对家庭教育的认识水平有差异，也很难为孩子提供有效的心理帮助。这种资源的不均衡分配在一定程度上影响了家校共育在中学生心理健康教育中的效果。

（四）家校共育缺乏明确的指导和评估体系

目前，对于家校共育在心理健康教育中的具体实施方法和效果评估尚缺乏明确的指导和标准。这使得教师和家长在实践中难以把握方向，也难以对学生心理健康教育的效果进行有效的评估和改进。

三、家校共育视域下关注中学生心理健康的路径探索

（一）将心理健康教育纳入家校共育的核心内容

提高学校和家庭对心理健康教育的重视程度，将其纳入家校共育的核心内容。

（1）学校通过举办教师家庭教育指导能力培训、家庭教育指导研讨会、家长开放日等活动，普及中学生心理健康知识，增强教师和家长的家庭教育意识。

（2）每位教师要建立家校联络记录册，记录学生的成长过程，对特殊学生进行跟踪、随访；记录学生家庭、家长情况。

（3）学校建立教师与家长联系机制，每学期每位教师最少要家访一次，班主任每学期要开展一次家庭教育指导讲座，班主任对特殊学生要建卡立册。

（4）每学期开学，家长要提前几天做好孩子的收心工作。可以通过制订新学期计划、准备开学的必需品、检查各科作业是否完成等，引导孩子从假期的无规律生活中慢慢转变为有规律的作息；各班班主任也应根据班情，在开学第一天上一堂"开学心理调适教育"的主题班会，让学生调整状态，投入到新学期的学习和人际交往中。

（二）建立畅通的家校沟通渠道，助力教育信息共享

（1）教师和家长之间应建立定期沟通的习惯。利用家长会、家访、微信、电话等多种方式，分享学生在学校和家庭中的表现，共同关注学生的情绪走向和心理动态。

（2）让学生的心理健康台账成为家校共育的桥梁。教师和家长可以协商一个周期，根据孩子在家和在校的各方面表现，给孩子制定出详细心理健康台账，并且及时共享。这种沟通机制有助于双方及时发现学生的心理问题，并共同制定针对性的解决方案。

（3）学校可以设立专门的心理健康咨询室，与家长建立定期沟通机制，共同关注孩子的心理健康状况。

（三）提升教师和家长的心理教育能力至关重要

（1）教师和家长都需要具备一定的心理健康知识，以便更好地理解和应对学生的心理问题。学校可以组织相关的培训活动，邀请专业的心理教师、专家为教师和家长提供指导，同时可以提供通俗易懂的专业书籍，供教师和家长学习，帮助他们掌握中学生心理健康教育的基本知识和技能。

（2）设置中学生的心理健康教育课程也是必不可少的。学校应设置专门的心理健康教育课程，帮助学生了解心理健康的重要性，掌握调整心理的基本方法。课程内容可以包括情绪管理、压力应对、人际交往等方面的知识，以提升学生的心理素质和应对能力。

（3）学校和家长可以整合自身资源，共同举办心理游园会、心理健康讲座、心理团体活动等，引导孩子积极参与，教师和家长也一起加入。通过以上途径普及心理健康知识，增强学生的心理健康意识和自主发展意识，端正其对心理健康问题的认识，提升应对心理健康问题的能力，营造温暖和谐、积极向上的校园心理氛围。在家庭里、在学校中教育学生珍爱生命，了解自己、关爱自己、悦纳自己。

（四）让第三方介入家校共育，尽可能建立易操作、好把握的评估体系

学校和家庭虽然是学生平时活动的两大主要场所，但就其主要功能而言，要想对孩子干预后的心理健康状况做评估，还是有所欠缺的。因此，可以试着从以下几个方面入手：

（1）家校协同，将孩子调整前后的心理健康状态建立详细的台账，然后向专业的心理机构寻求帮助，请他们根据现有的评估体系，对孩子的心理现状作出评估，并针对后期干预给出建议。

（2）为学校专门从事学生心理健康教育工作的人员定期安排外出学习的机会，学成回来后在教师培训、家长学校上进行分享，并结合其所学知识制定出符合学生个体特征的心理健康评估体系，同时要根据不同的学生个体进行调整。

在培养孩子的过程中，无论是学校还是家庭都应发挥其应有的价值和作用，二者求同存异，共同促进学生个人能力和素养的全面发展，为学生的心理健康发展保驾护航。

为留守儿童"护心",家校社如何共筑"防线"

四川省隆昌市大南街小学 陶兴敏 雷珍

留守儿童一直是全社会关心的问题,留守儿童缺少父母的陪伴与关爱,容易出现自卑、孤独、焦虑、抑郁等心理问题,这不仅影响孩子的健康成长,也给家庭、社会带来沉重负担。因此,如何为留守儿童"护心",保障其健康成长,成为当今亟待解决的问题。

本文从家、校、社三个层面探讨如何有效整合家、校、社资源,合力筑牢留守儿童心理健康防线。

一、家校社协同育人中留守儿童存在的问题

在家校社协同育人实践中,针对留守儿童这一特殊群体存在不少挑战和困难。例如:

(1)家长参与度低。多数留守儿童的家长由于工作或其他原因,无法亲自参与孩子的教育和成长过程。这些家长普遍认为,"养"是家庭的责任,"教"是学校的责任,这种观念导致这些家长将孩子的教育完全寄托于学校。

(2)学校资源有限。学校在师资力量、教学设施等方面存在不足,满足不了留守儿童全面发展的需要;教师家访缺乏专业性、针对性,同样影响家校协同育人的效果。

(3)社区支持不足。社区教育资源相对匮乏,对留守儿童的教育支持有限,缺乏专门的机构和人员来提供相关的服务和支持,难以满足留守儿童多样化的需求。

(4)沟通与合作不畅。家、校、社之间的沟通渠道不畅,信息传递不及时,导致各方难以形成有效的合作。留守儿童家长、学校、社区之间的观念差异和认知偏差,也影响了协同育人的效果。

(5)对留守儿童心理关爱不足。留守儿童缺少父母的关爱和陪伴,极易产生孤独、自卑等心理问题;学校和社区缺乏专业人员,不能及时提供有效的心理支持。

二、针对留守儿童的家校社协同育人实施路径

（一）在平等尊重、相互协调的基础上建立协同育人机制

1. 平等尊重是基础

尊重每个家庭的独特性，理解家长们对孩子教育的不同需求和期望，同时也尊重学校和社会的角色和责任，大家都要以开放的心态，相互倾听、相互理解，一起为孩子的成长出谋划策。

2. 相互协商是关键

学校、家庭和社会要密切配合，形成育人合力。在家长和社会的积极配合下，学校将更好地发挥教育作用。比如，可以定期举办家校社交流会，让大家能够面对面地沟通、分享育儿经验和家庭教育资源，共同解决普遍存在的家庭教育问题。

3. 发挥各方优势，形成互补效应

打破传统育人模式，家校社多方协同合作，全面覆盖教育过程。家庭提供爱和温暖，学校提供系统的知识和教育，社会让他们锻炼能力和拓展视野。充分整合以上资源，为孩子创造绝佳的成长环境。

（二）家校社各司其职，相互配合，建立高效教育机制

1. 家庭教育：为孩子的未来奠定基础

家庭是孩子成长的初始阵地，《中华人民共和国家庭教育促进法》作出了明确规定，父母或其他监护人应密切关注未成年人的心理健康状况，引导其树立正确的生命观，珍视生命的价值与意义。提醒家长不能只盯着孩子的学习情况，还要给孩子足够的关爱和支持；同时，倡导家长们要与学校和社区保持良好的沟通，一同制订教育计划，创造良好的条件让孩子快乐成长。

2. 学校教育：为孩子的未来赋能

学校是孩子的主要学习场所，老师们要尽心尽力地传授知识，关心孩子的成长和进步。此外，定期举行家长会、家访等活动，与家长保持密切的联系，携手解决孩子遇到的问题。

3. 社会教育：为孩子的未来保驾护航

社会是孩子实践和锻炼的重要环境，同样不能忽视。例如，学校、家庭

与社区联动，组织文化娱乐、体育锻炼、科普讲座等活动，丰富留守儿童的课余生活，促进其身心健康发展；另外，鼓励社会团体、企事业单位和爱心人士积极参与留守儿童关爱活动，提供物质支持和活动帮助。

三、针对留守儿童的家校社协同育人具体措施

（一）以学校为主导，发挥学校教育中的规范和引导作用

1. 健全落实留守儿童档案和家长联系制度

学校每学期都全面摸底，了解留守儿童的家庭背景，并建立档案；同时建立家长定期联络制度，班主任与家长保持联系，及时掌握留守儿童在家情况，并反馈在校表现，共同制订教育计划。这有助于学校深入、全面地掌握留守儿童的心理需求和发展状况，为个性化教育打下基础。

2. 加强心理健康教育

学校针对留守儿童的心理特征与需求，开设心理健康教育课程，并制订相应的教学计划。课程内容可以包括心理健康知识普及、情绪管理、人际交往技巧等，提高留守儿童的心理素质。

在班级中，实施学科与家庭教育相融合，利用心理班会课，为留守儿童开展思想教育，如体谅父母和独立生活教育，旨在让留守儿童感受关爱，消除不良情绪，培养积极乐观情绪。

3. 开展心理辅导与咨询活动

学校设心理辅导室，配备专业心理健康师，以随时解决留守儿童的心理健康问题。教师定期为留守儿童提供个别或团体辅导，通过倾听、引导、支持等方式，帮助解决他们的心理问题，缓解他们的压力，提升心理健康水平。

4. 加强师资培训，提高教师心理健康教育能力

学校定期对教师进行心理健康培训，增强教师的心理素养，以便更好地关注、理解留守儿童的心理需求，提供有效支持，弥补家庭教育缺失。

落实每月一次班主任与留守儿童谈心制度，关注其学习和生活，记录问题学生，制定个性化辅导方案，进行针对性矫正。

5. 搭建平台，开展同伴互助

朋辈支持在留守儿童的社会化发展中起着重要的作用，可以有针对性地开展结对互助。

（1）开展学习互助活动，增强孩子自信心。关注留守儿童的学习，建立班级学习互助小组，由品学兼优的学生带动，让留守儿童互助共进，帮助留守儿童感受来自同学的友爱，增强学习自信心。

（2）开展"手拉手"结对互助活动，增强孩子幸福感。成立关爱小组，按照"就近就便"原则，广泛发动同组的学生和班级留守儿童开展"手拉手"结对互助活动，邀请留守小伙伴到家中做客，加强情感交流，让他们感受来自身边的温暖。

（3）利用团体辅导，增强孩子认同感。开发特色团体辅导活动，包括悦我线（自我悦纳）及焦作线（考试焦虑）、知交线（同伴交往）、怡家线（家庭治疗）、掘能线（学业与自我规划）。通过创设安全氛围、组员互动及提供社会支持，让留守儿童有归属感，提高其交往能力，培养他们积极的人生态度。

6. 开设专题讲座，关注留守儿童心理健康

（1）针对留守儿童开设讲座，提高孩子心理调适能力。邀请学校心理老师或具有相关经验的专家担任讲师，选择如"情绪管理""自信心的培养""人际交往技巧"等主题对留守儿童进行指导，帮助孩子重拾自信心、结交朋友，摆脱孤立无援的窘境，更加积极乐观地生活。

（2）针对留守儿童家长开设讲座，提高孩子家长的教育能力。学校针对留守儿童家长的需求和困惑，开展"如何与孩子沟通""如何培养孩子的自信心""如何关注孩子的心理健康"等主题的家长课堂，全面提升家长的教育理念和技能水平，进而增强他们与孩子之间沟通互动的能力。

（二）力求家长配合，确保家校联动机制长期有效地运行

1. 健全和落实家校合作制度

健全家校合作制度是一个系统而重要的任务，制定明确的家校合作章程或协议，详细列出家长和学校各自在孩子教育中的职责和权益，让家校联动更为规范，落实起来更有效。

（1）定期家校沟通。学校定期召开双向家长会，学校通过家长了解孩子在家的表现，让家长了解学校的教育政策、教学计划以及孩子在校的表现；组织家长参与培训，为其提供丰富的家庭教育资源，针对家庭教育难点共同研讨；学习育儿新理念，构建家校学习共同体，教师与家长取长补短，一起担负教育孩子的重任。

（2）开展家校共育活动。举办家庭教育讲座、组织亲子活动等，增强家校联系与信任；利用家长会、教师家访、"家长开放日"等形式对家长或其他

监护人开展家庭教育宣传，引导其树立科学的家庭教育观念，提升教育能力。

（3）加强信息共享。利用现代信息技术，如建立家校共育微信群、QQ群等，通过这些网络平台以及学校微信公众号及时分享学校新闻、学生作品和家庭教育资源，定期发布学生的学习进步报告、综合素质评价等信息，让家长及时了解孩子的在校情况。

（4）反馈与改进。增设家校合作反馈箱或进行在线调查，收集意见和建议，根据反馈进行改进和完善，并推动落实。

2. 家庭教育责任不减，家长的重要性凸显

（1）家长应提高自身的教育素质，成为孩子的榜样。父母是孩子的一面镜子，家长言传身教对孩子的行为、品格等方面有潜移默化的影响。所以，通过开设父母课堂、开家长会，提醒家长规范自己的言行，约束自我，为孩子树立好榜样。

（2）家长应深入了解孩子的心理需求，给予关爱鼓励。留守孩子长期与父母分离，面临情感孤寂与生活困境等挑战。因此，应提醒父母及其他监护人深入洞察留守儿童的心理诉求，提供关爱与陪伴；同时，鼓励父母及其他监护人多与孩子交流，掌握思想动态与生活状况，帮助孩子脱困，健康成长。

（3）家长应注重孩子生活能力的培养，让孩子独立健康成长。在家庭教育中，提醒家长培养孩子自我保护意识和独立生活能力。家长应适度放手，让留守儿童亲身参与家务活动，并传授他们自救的知识技能，有利于提升孩子抗挫折能力，促进其全面健康成长。

（4）家长应保持积极健康的心态，为孩子营造良好的家庭氛围。面对生活压力，家长应及时调整自己的情绪和心理状态，避免将负面情绪传递给孩子。在对孩子的教育中，多鼓励、少责骂，尊重孩子想法，让孩子在轻松愉快的氛围中成长。

（三）争取社会支持，努力营造家校社三方协同育人的浓郁氛围

1. 加强宣传教育，提高社会对留守儿童的关注度

加强宣传，通过学校公众号、媒体、网络等渠道，宣传留守儿童面临的困境，协助市红十字会、民政部门举办相关的公益活动，让更多人参与到留守儿童的关爱行动中。

2. 发动社会各界力量，提供更多的关爱和支持

联动社区，组织志愿者、班主任老师定期到留守儿童家庭进行走访和慰

问，对其进行必要的帮助；联动社会，争取企业和社会组织为留守儿童提供奖学金、助学金等资助，帮助他们解决经济困难；发动社会爱心人士捐赠图书、文具等学习用品给留守儿童，改善他们的学习环境等。

3. 挖掘社区教育力量，引导树立科学家教理念

良好的村风、社风有利于塑造良好的家风，充分挖掘社区教育力量，通过三好家庭评比、组织优秀家庭教育理念分享大会等方式，纠正家庭教育的误区，树立科学的育儿观念。

（四）健全和落实家校社三方协同育人机制

留守儿童健康成长离不开家庭、学校和社会的共同努力。家庭应关心孩子的成长需求，学校应发挥教育核心的作用，社会应给予必要的帮助与支持，三方需要加强沟通协作，共同推动留守儿童茁壮成长。

四、总结与展望

家校社协同育人模式是守护留守儿童心理健康的有效途径，三方协作，形成强大的教育合力，为留守儿童的心理健康提供全方位、多角度的关爱和帮助；同时，我们也认识到留守儿童心理健康问题的复杂性和长期性，需要持续不断地关注和努力。

以德育活动促进家校社联合育人的实践探索
——以在班级中开展德育活动为例

四川省绵阳市富乐实验中学　安琼

党的十八大明确提出：把立德树人作为教育的根本任务。立德就是坚持德育为先。关于德育的内涵有多种理解，在《德育原理》一书中是这样描述的："德育是教育工作者组织适合德育对象品德成长的价值环境，促进他们在道德认知、情感和实践能力等方面不断建构和提升的教育活动。"2021年《中华人民共和国家庭教育促进法》颁布，该法明确规定了学校、家庭和社会在家庭教育中的职责和作用，为家校社联合育人提供了法律保障。因此，笔者作为一名初中班主任，在班级开展了多种形式的德育活动，为家校社合力育人进行了积极探索和实践。

一、以德育活动促进家校社联合育人的背景

（一）落实国家的教育方针

国家提出把立德树人作为根本任务，培养"德、智、体、美、劳"全面发展的社会主义建设者和接班人。2023年，教育部、中央宣传部等十三部门联合印发《关于健全学校家庭社会协同育人机制的意见》，也明确了学校、家庭、社会在协同育人中的各自职责定位及相互协调机制。从一系列的国家方针政策我们可以领悟到，家校社联合开展德育活动来培育学生很有意义。

（二）学校德育目标的需要

笔者所在学校——绵阳市富乐实验中学提出了三阶六段式德育目标，即学生在校三年，六个学期，每个学期有相应的德育重点：七年级是习惯与文明，爱国与德行；八年级是科学与审美，劳动与感恩；九年级是成人与成才，励志与修身。结合学校的德育目标，作为一名班主任，应该在班级开展相应的德育活动。

（三）处于青春期的初中生的迫切需求

青春期的初中生心理变化很复杂，情绪波动大，也是他们价值观初步形

成的关键阶段。这一时期的他们自我意识增强，很容易受网络等不良因素影响，使自我认知出现偏差，所以需要学校、家长、社会给予青春期孩子更多的关注、理解和支持。学校可以通过一系列的德育活动，引导学生健康成长。

二、德育活动实践探索

（一）德育活动之一：感受科技魅力，激发内在动力

富乐实验中学有三个校区，笔者所在班级刚好处于二中校区。二中校区有着得天独厚的地理优势，前面有湿地公园，后面有上市公司"四川东材科技有限公司"。但学生对于学校周边这家高科技企业并不了解，所以，笔者作为班主任，决定通过家校社联合组织一场"走进身边企业，感受科技魅力"为主题的德育活动。本次活动前，笔者首先联系了四川东材科技有限公司负责人沟通参观事宜，得到了他们的大力支持，接着笔者在家委会会议上讲明了本次活动的目的和意义，得到了家长们的大力支持，然后笔者和家委会成员以及四川东材科技有限公司负责接待的人员一起制定了参观方案。

参观当天，班级老师和部分家长代表一起陪同，四川东材科技有限公司派出了周博士和王博士为同学们讲解了公司新材料的研发、制造、销售等相关知识。尤其是讲到东材人坚持"科技立企、实干兴业"的发展理念，通过50多年栉风沐雨，在技术上实现了创新，突破了多项关键性技术壁垒时，学生不由自主地热烈鼓掌，为我们国家的高科技发展感到自豪。随后，在两位博士的带领下，学生在展厅内见到了从未见过的新能源材料、光学膜材料、先进电子材料、环保功能材料等近300种产品及部分应用展示。当时班级一个来自西昌的同学说道："我一定要好好学习，成为高科技人才，将来到这里来上班。"这位同学受到两位博士的高度赞扬。活动结束后，参与的家长和老师把学生参观的照片、视频发到家长群里，家长们纷纷点赞，认为此次活动非常有价值和意义。

本次德育活动的作用总结：
（1）拓宽了学生视野，增长了课外知识。
（2）激发了同学们对物理、化学等学科的兴趣。
（3）让学生真实体会到国家高新科技的发展状况，增强爱国情感。
（4）激励学生树立更高的学习目标，为科技强国打下基础。

（二）德育活动之二：感受春天魅力，展现青春活力

春暖花开之时，最适合开展德育活动，而笔者所在学校门口就是湿地公

园,所以笔者和家长、学生一起商讨开展一场家校联合举办的亲子活动,老师、同学、家长一起到学校前面的湿地公园,感悟春天的魅力,展现青春活力。

当孩子们面对繁花似锦、春光如海的景色时,不由自主地吟诵出了朱自清的《春》:风轻悄悄的,草软绵绵的……这一刻,曾经学过的课文里描述的场景以生动鲜活的姿态出现在大家眼前。

之后,学生在湿地公园进行了别开生面的文艺汇演。活动的开场是全体师生和家长共同表演手势舞《让我们荡起双桨》,引得一些围观的游客也跟着舞了起来。接着是分小组文艺表演,本次文艺表演的节目全是孩子们自编自导自演,每个组一个节目,所以每个孩子都上了场。此时的孩子们一反平日里在教室严肃认真学习的模样,在大自然的怀抱中各自展露绝活,有的孩子歌声动人、有的孩子舞姿潇洒、有的孩子朗诵绘声绘色、有的孩子小品直击人心,也有的孩子围绕民生热点话题讲脱口秀。此次寻春探美活动,家长们也参与进来,场上场下气氛热烈,喝彩声、掌声不断。活动最后,大家挥动着小国旗,家长、老师、同学齐唱《我和我的祖国》,感受着美好幸福的生活……

本次德育活动的作用总结:

(1)本次活动落实了"双减"政策。

(2)走出教室,将显性课堂和隐性课堂相结合,使孩子们的身心得到放松,内心得到丰富。很多孩子用诗歌、书法、绘画展现才艺、表达自己的心情。

(3)分小组进行节目表演,最大特色是每个孩子都上场了,小组凝聚力和班级凝聚力都增强了。

(4)本次活动,家长也参与进来一起表演节目,亲子关系、家校关系都有了质的飞跃。

(三)德育活动之三:走进历史古迹——越王楼

大唐盛世遗迹越王楼以其雄伟磅礴的气势,矗立在绵州大地上,但是,很多绵阳的学生只知道越王楼的外形,却不知越王楼的内涵。所以,笔者联系了越王楼的负责人安排了讲解员,和家委会一起制定了参观方案,笔者和家长带领孩子们走进越王楼,感怀历史,感受文化艺术魅力。

这次活动使同学们切身感受到了越王楼浓厚的文化氛围,感于心,于是付之于笔,便有了丰富多彩的诗文、画作和书法作品呈现出来,学校还将这次活动推上了公众号,把部分优秀作品展示了出来,使学生成就感满满。

此次校家社联合举办的德育活动的作用,用学生和家长们的话来总结:

(1)有同学说:"这是一堂别开生面的语文课,让我们真正领略了半部中国文学史的壮观。我很想马上写一篇文章或者诗歌来表达我此时的心情。"

（2）有同学说："这是一堂历史课，让我们一下子穿越到唐朝，与历史课本相结合，领略大唐盛世。"

（3）还有同学说："这是一堂美术课，唐代的陶瓷艺术、工艺美术、绘画作品、越王楼的建筑魅力等让我们大开眼界，我很想把它们都画下来。"

（4）家长们说："这也是一堂德育实践课：孩子们在了解了中国历史深厚的文化底蕴后，不仅增长了知识，也陶冶了情操，提升了文化视野和人文情怀，增强了保护文化遗产的意识，增强了自信心和民族自豪感……"

（四）德育活动之四：走进敬老院

对于重阳节，很多学生都不知道真正的内涵，所以笔者首先开展了一堂关于重阳节的主题班会，然后和家长商量在重阳节当天到敬老院做一次活动，接着和敬老院的负责人联系沟通各种细节。经过一周多时间的准备，在重阳节当天，笔者带领学生们来到敬老院，学生们给老人们精心准备了节目，有舞龙、诗朗诵、舞蹈、唱歌等多种形式。本次活动，同学们还提前为老人精心准备了小礼物，有的是自己亲手做的，有的是用自己攒的零花钱购买的，还有同学利用自己的书法特长给爷爷奶奶写了"福""寿"字，在活动现场，孩子们诚挚地把礼物亲手送给了爷爷奶奶，并和老人们亲切交流，让老人们感受到深深的关爱和温暖，孩子们用实际行动倡导敬老爱老。

本次德育活动的作用总结：

（1）让学生真正理解中国传统节日、传统文化的内涵。

（2）学生更加懂得去关心身边的老人。

（3）让学生用实际行动去敬老爱老。

（4）培养青年一代回馈社会、服务社会的责任意识。

（五）德育活动之五：亲子作文

亲子作文的活动，就是家长和孩子就同一话题共同来写文章。

亲子作文的最大好处是家长参与进来，和孩子们一起探讨，亲子关系也更加融洽，由于笔者教了两个班的语文，分别是五班和六班，所以笔者在这两个班中都开展了以"寄情于物"为话题的亲子作文活动，并根据这两个班的班号把本次活动的作文集取名为《五颜六色》，同时为作文集写了前言。

这个作文集完成付印后，笔者给每个孩子发了一本，孩子们很兴奋地带回家了，很多家长还发了朋友圈。有一个妈妈说："看着孩子拿回来的《五颜六色》，看着孩子那视为珍宝的眼神，我真的感谢对孩子付出一片真情的安老师，希望孩子走过的地方都五颜六色，繁花似锦。"

本次亲子德育活动的作用：

（1）家长和孩子一起写作文，家长更加理解孩子，孩子也更加理解父母。用文字诉说情感，比单纯的说教效果好，增强了亲子关系。

（2）家长更加理解、感谢老师，也就会更加配合老师。通过这次活动，家长和老师的关系也更近了一步。

（3）将孩子们和家长们的作品编成作文集，家长和孩子都很有成就感和自豪感。

三、校家社联合开展德育活动的深远意义

（一）促进学生全面健康发展

德育活动能更好地培养学生的道德品质、心理素质、社会责任感、团队合作精神等。校家社联合开展德育活动能够为学生提供更加丰富的实践平台，从家庭的小环境到社会的大环境，全方位地促进孩子的道德成长和全面健康发展。

（二）增强学校德育教育效果

通过校家社的联合，共同设计的德育活动结合了青春期学生的实际情况和兴趣点，使学校教育更加贴近社会实际和学生需求，从而提高学生的参与度和接受度，进而增强学校德育教育的效果。

（三）培养学生社会责任感

校家社联合开展的德育活动涉及了志愿服务、公益活动等内容，通过参与活动，学生亲身体验到作为社会成员的责任和义务，培养他们的社会责任感。

（四）形成教育合力

学校、家庭和社会是孩子成长的三大环境。当这三者联合起来开展德育活动时，能够形成强大的教育合力，确保孩子在各个生活场景中都能接受一致且连贯的价值观教育，有效地避免了教育信息的冲突和矛盾。

（五）促进亲子关系，促进家庭与学校之间的沟通

在家长陪孩子参与活动的过程中，亲子关系得到加强，家长和教师通过活动也一起更加深入地了解了孩子的成长状况和需求，进而在教育理念和方

法上达成共识,这样就能减少家校矛盾,形成更加和谐的家校关系。

(六)营造良好的社会氛围

一旦家庭、学校和社会都积极参与到德育活动中来,社会的文明程度就会得到提升。这种良好的社会氛围又会反过来影响每一个家庭和学校,形成良性循环。

综上所述,家校社联合开展德育活动更好地落实了国家政策,以德育活动为载体,促进家校社三方合力育人,通过合适的德育活动来引导学生、感化学生、激励学生,这种方式对于培养"德、智、体、美、劳"全面发展的社会主义建设者和接班人具有重要意义。

家校社联动，助力高中生高考后心理平稳过渡

四川省宜宾市屏山县教师发展中心　邓小芳
四川省宜宾市屏山县特殊教育学校　刘孟德
四川省筠连县中学　朱小燕

高考作为中国教育体系中的重要环节，对高中生的未来发展具有关键意义。然而，高考结束后，学生的心理状态往往容易被忽视。在这个阶段，学生可能面临着成绩公布前的焦虑、对未来的迷茫、生活节奏的突然改变等一系列心理挑战。因此，学校、家庭和社区的协同努力对于帮助高中生进行高考后的心理健康调适至关重要。

一、高中生高考后常见的心理问题

高考，对于每一位高中生来说都是人生中的一次重大考验。当高考结束，紧绷的弦骤然松开，学生们在这个阶段往往会出现各种心理问题。

（一）焦虑与不安

焦虑与不安是高考后最为常见的心理状态之一。在成绩公布之前，学生们的内心充满了忐忑。他们会不断回想考试中的每一个细节，担心自己的答案是否正确，是否能够达到理想大学的录取分数线。这种不确定性让他们寝食难安，每天都在焦虑中度过，有些学生甚至会出现失眠、多梦等症状，严重影响了他们的身心健康。

（二）失落与沮丧

失落与沮丧也是许多学生在高考后可能经历的情绪。对于那些自我期望较高，但在考试中未能发挥出最佳水平的学生来说，这种情绪可能更为强烈。他们可能会沉浸在对考试失误的懊悔中，觉得自己辜负了老师和家长的期望，也错失了进入理想大学的机会。这种失落感可能会使他们自我封闭，不愿与他人交流，对未来失去信心。

（三）放纵与迷茫

对未来的迷茫是另一个突出的问题。高考前，学生们的目标明确——为

高考而努力。但高考结束后，面对众多的专业选择、职业道路以及未来的人生规划，他们感到无所适从，不知道自己的兴趣所在，不清楚未来想要从事什么样的工作，这种迷茫会让他们感到焦虑和无助。

（四）社交压力

高考结束后，部分学生还面临着社交压力。同学之间可能会相互询问考试情况和志愿填报，成绩较好的学生可能会无意中给成绩稍逊的同学带来压力。此外，家庭聚会中亲戚们对高考成绩的关注和询问，也可能让学生感到不自在和压力。

二、家、校、社针对学生高考后心理健康调适的措施

（一）家庭的措施

（1）营造宽松的家庭氛围。高考结束后，家长应避免过分追问考试情况，为孩子创造一个轻松、和谐的家庭环境。

（2）给予情感支持与理解。耐心倾听孩子的想法和感受，让孩子感受到家人的关爱和支持，无论成绩如何，他们都是家庭中重要的一员。

（3）协助规划未来。与孩子一起探讨未来的发展方向，尊重孩子的兴趣和选择，提供合理的建议和指导。

（4）鼓励适度放松与社交。支持孩子进行适当的放松活动，如旅游、运动等，同时鼓励他们与朋友保持正常的社交联系。

（二）学校的措施

（1）开展心理辅导课程。组织专门的心理辅导讲座和课程，帮助学生正确对待高考结果，调整心态。

（2）提供职业规划指导。邀请专业人士为学生进行职业规划指导，让学生了解不同专业和职业的发展前景，为填报志愿和未来的职业选择做好准备。

（3）组织毕业活动。举办毕业典礼、毕业旅行等活动，为学生创造美好的回忆，增进同学之间的感情，帮助学生顺利过渡到新的人生阶段。

（4）建立跟踪与反馈机制。通过电话、网络等方式与学生保持联系，了解他们的心理状态，及时提供帮助和支持。

（三）社区的措施

（1）提供社区活动资源。组织各类文体活动、志愿者服务等，让学生在

参与中丰富生活,增强社会责任感。

（2）举办心理健康讲座。邀请心理咨询师或专家开展心理健康讲座,普及心理健康知识,提高学生的心理调适能力。

（3）搭建交流平台。创建社区交流群或论坛,为学生提供一个交流心得、分享经验的平台,让他们在相互交流中获得启发和支持。

（4）整合社会资源。联系相关企业和机构,为学生提供实习、兼职的机会,帮助他们提前适应社会。

三、学校、家庭、社区协同合作的策略

（一）建立有效的沟通机制——家校社协同合作的基石

家庭、学校和社区之间应保持密切且及时的信息交流。学校可以定期组织家长会,与家长分享学生的学习和心理状况;社区可以举办座谈会,邀请学校和家庭代表共同参与,促进三方的沟通与交流。此外,利用现代信息技术,如建立微信群、QQ群等,也能够加强各方之间的信息共享。

案例一：某学校、家庭和社区共同打造了一个线上交流平台。学校老师在平台上分享有关心理调适、志愿填报、大学准备等方面的知识和信息;家长们在平台上交流教育经验,互相支持和鼓励;学生们则在平台上表达自己的想法和感受。通过该平台,大家相互学习和交流,消除了不必要的担忧,家长也从其他家长那里学到了很多与孩子沟通的技巧,促进家庭氛围更加融洽。

（二）制定共同的目标和计划——家校社协同合作的重要方向

家庭、学校和社区应共同明确缓解高中生高考后心理健康问题的目标,例如帮助学生树立正确的自我认知、提升情绪调节能力等。在此基础上,制定具体的行动计划,包括开展心理健康讲座、组织团体活动等。这样的目标和计划应具有针对性和可操作性,能够充分发挥各方的优势和资源。

案例二：某高中与社区合作,在高考后组织了一系列团体心理辅导活动。学校的心理老师和社区邀请的专业心理咨询师共同组织学生进行各种活动,如户外拓展、小组讨论等。在家庭方面,家长们参加了由学校举办的亲子沟通讲座,学习如何与孩子交流高考后的感受和规划,家长改变了以往过度干涉的沟通方式,更加尊重孩子的想法,并给予支持和鼓励。通过参与团体活动,同学们结识了新朋友,拓宽了视野,并且在与心理咨询师的交流中逐渐明确了自己的兴趣和优势,消除了迷茫和焦虑,最终根据自己的兴趣选择了适合的专业方向。

（三）明确各方的责任和分工——家校社协同合作的保障

家庭应承担起给予学生情感支持和关注的责任，营造温暖、和谐的家庭氛围；学校要提供专业的心理辅导和教育资源，开设相关课程和活动；社区则可以提供丰富多样的课外活动和实践机会；同时，各方还应明确各自在沟通、组织活动等方面的具体职责，避免出现责任推诿或工作重复的情况。

案例三：某社区举办了"高考后心理调适讲座"，邀请学校心理老师和专家为学生及家长授课，讲座内容包括高考后常见的心理问题及应对方法、如何进行生涯规划等。家长在听完讲座后，更加理解孩子可能出现的情绪波动，主动与孩子进行深入交流，帮助孩子缓解了焦虑情绪；同时，学生也从讲座中获得了自我调节的一些方法，对未来的大学生活充满了期待。

（四）学校、家庭和社区联合开展活动

学校、家庭和社区还可以联合开展一些主题活动，如"高考后的成长与规划"主题讲座、心理健康宣传周、"心理调适亲子营"等。通过这些活动，让学生在不同的环境中获得全方位的支持和引导，增强他们应对心理挑战的能力，家校社形成合力，为学生的心理健康调适营造良好的环境。

案例四：某学校组织了"高考后志愿者服务活动"，鼓励学生参与社区的公益项目。社区提供活动项目和相关支持，家长们积极支持孩子参与。在参与志愿者服务的过程中，学生们感受到了帮助他人的快乐和成就感，提升了自我价值认同感，同时也通过与社区居民的互动锻炼了社交能力，更好地适应社会环境，增强了自信心。

（五）学校、家庭、社区协同合作的注意事项

为了更好地实施上述策略，需要注意以下几点：首先，要尊重学生的个性和需求，充分考虑他们的兴趣爱好和特长，制定个性化的方案；其次，保护学生的隐私，避免在沟通和活动中泄露学生的个人信息；最后，定期对协同合作的效果进行评估，根据实际情况进行调整和改进。

四、结论

高考后的心理健康调适对于高中生的成长和发展具有重要意义。家庭、学校和社区应充分认识到这一点，各自发挥优势，协同合作，为高中生提供全方位的心理支持和帮助。通过营造良好的环境，引导学生正确地对待高考结果，规划未来，帮助他们顺利度过这一重要的人生转折期，以健康、积极的心态迎接未来的挑战和机遇。

家校携手　智启未来
——以智慧教育平台重塑家校交流

四川省隆昌市第二中学　代礼金

在当今数字化飞速发展的时代，教育也迎来了新的机遇与挑战。中学阶段是学生成长的关键时期，家校合作的重要性愈发凸显。智慧教育平台犹如一座桥梁，连接起家庭与学校，为学生的成长搭建起坚实的基础，打破了传统家校交流的时空限制，让信息传递更加及时、高效。在中学这个特殊的教育阶段，学生们面临着学业压力、身心变化等诸多挑战，而智慧教育平台为家长和教师提供了一个共同关注、共同引导的平台，助力学生勇敢地迎接挑战，迈向充满希望的未来。

一、智慧教育平台概述

智慧教育平台是一种基于互联网技术和大数据分析的现代化教育解决方案，它旨在通过整合各种教育资源与工具来优化教学过程、提升学习效率，并促进家校之间的有效沟通。在当今这个信息化高速发展的时代背景下，智慧教育平台不仅为传统教育模式带来了革命性的变化，也为学生提供了更加个性化和灵活的学习体验。通过这样的平台，教师可以利用丰富的在线资源设计课程内容，采用多媒体形式进行授课，使课堂变得更加生动有趣；同时，借助于智能评估系统，能够更准确地了解每位学生的学习进度及遇到的问题，从而及时调整教学策略以满足不同层次学生的需求。对于学生而言，则可以在任何时间地点访问所需资料完成自主学习，打破了时间和空间上的限制，极大地促进了自我探索能力和终身学习习惯的培养。智慧教育平台搭建了一个连接学校与家庭的桥梁，家长可以通过专门的应用程序或网站随时查看孩子的学习成绩报告、作业完成情况等信息，甚至直接参与到某些互动活动中去，这种即时反馈机制有助于增强双方对教育过程的关注度和支持力度，形成良好的合作氛围。

二、传统家校交流模式问题分析

（一）沟通方式单一

中学阶段教学任务繁重，家长会通常一学期仅召开几次，每次家长会时间有限，教师难以针对每个学生的具体情况与家长进行深入沟通。多数情况下，只能进行整体情况的介绍和共性问题的讨论，无法满足家长对了解孩子个体发展的需求。由于时间限制，家长之间也缺乏充分的交流和分享经验的机会，难以从其他家长那里获取有益的教育方法和建议。教师进行家访需要花费大量的时间和精力，尤其是面对学生数量较多的情况，很难做到对每个学生都进行家访。

（二）信息传递不及时

学校的日常教学和管理工作较为繁忙，教师很难做到随时向家长反馈学生的在校表现，家长只能通过家长会、成绩单等有限的途径了解学生的情况，信息获取存在滞后性。家长在工作和生活的压力下，也难以主动及时地向学校反馈学生在家的表现。学校只能通过偶尔的家访或家长主动联系来了解学生在家的情况，信息获取渠道较为狭窄。学生在家的学习状态、心理变化等重要信息不能及时传递给学校，可能会影响教师对学生的全面了解和教育教学的针对性。

（三）缺乏个性化关注

传统的家校交流模式往往以班级或群体为单位进行，教师难以针对每个学生的个性特点、学习风格和心理需求进行深入的交流和指导。家长也很难在集体交流中充分了解自己孩子与其他学生的差异，无法获得针对孩子个性发展的具体建议和方法。每个家长都希望自己的孩子能够得到个性化的教育和培养，但传统家校交流模式难以满足这一需求。家长可能对孩子的兴趣爱好、特长发展有特定的期望，但学校在集体教育中难以充分关注到每个学生的个性化需求。

三、智慧教育平台重塑家校交流的策略

（一）平台功能设计与优化

智慧教育平台应具备高效的通知推送系统，确保重要信息如学校活动安

排、考试时间、放假通知等能够及时传达给家长和学生。平台可以设置多种通知方式，如手机短信推送、APP 弹窗提醒等，以提高通知的送达率和及时性。对于紧急通知，平台应具备优先推送和确认接收的功能，确保家长和学生能够第一时间知晓并采取相应措施。平台应提供详细的成绩查询功能，方便家长随时查询学生的考试成绩、平时作业成绩和课堂表现等。成绩查询界面应简洁明了、易于操作，同时提供成绩分析和对比功能，帮助家长了解学生的学习进展和薄弱环节。

家长可以通过平台查看作业布置情况，包括作业内容、完成时间和要求等，平台应提供学生作业完成情况的反馈，让家长了解孩子是否按时完成作业以及作业的质量如何。教师可以在平台上布置作业、批改作业，并对学生的作业进行点评和指导。学生也可以在平台上提交作业，方便教师及时批改和反馈。平台设置在线讨论区，家长、教师和学生可以在这里就教育问题、学习方法、学生成长等话题进行交流和讨论。讨论区可以按照班级、学科等进行分类，方便用户找到相关话题。平台提供丰富的教育资源，如学习方法、学科知识总结、心理健康知识等。

（二）家长参与引导

学校可以组织专门的家长培训活动，邀请专业人员为家长介绍智慧教育平台的各项功能和使用方法。培训内容可以包括平台的登录方式、功能模块介绍、操作流程等。培训可以采用线上线下相结合的方式，如举办讲座、发放操作手册、制作视频教程等，学校还可以设立咨询热线或在线客服，为家长提供及时的技术支持和帮助。学校可以通过平台发布一些教育话题或问题，引导家长参与讨论和交流。教师也可以在平台上分享学生的学习成果和进步，激发家长的关注和参与热情。对于积极参与互动交流的家长，学校可以给予一定的奖励和表彰，如颁发荣誉证书、评选优秀家长等。

学校可以建立一套完善的激励机制，对积极参与智慧教育平台的家长进行表彰和奖励。激励机制可以包括积分制度、荣誉称号、物质奖励等。积分制度可以根据家长的参与度和贡献度进行积分，积分达到一定标准的家长可以兑换相应的奖品或荣誉称号。荣誉称号可以如"优秀家长""智慧家长"等，对表现突出的家长进行表彰。物质奖励可以是学习用品、书籍等，以鼓励家长积极参与家校合作。

（三）学生自主管理培养

教师可以在课堂上向学生介绍智慧教育平台的功能和使用方法，引导学生正确使用平台进行学习,教师还可以为学生制定个性化的学习计划,让学生在平台上按照计划进行自主学习。平台可以设置学习提醒功能,提醒学生按时完成学习任务,平台还可以提供学习进度跟踪和反馈功能,让学生了解自己的学习情况和进步。学校可以开设信息素养课程,培养学生的信息获取、处理和交流能力。课程内容可以包括如何在平台上查找学习资源、如何与家长和教师进行在线沟通、如何保护个人信息安全等。

教师可以在日常教学中引导学生正确使用信息技术,提高学生的信息素养,教师还可以通过平台与学生进行互动交流,及时解答学生的问题,培养学生的沟通能力和合作精神。平台可以组织各种学习活动,如在线竞赛、作品展示、学习打卡等,鼓励学生积极参与。这些活动可以激发学生的学习兴趣和竞争意识,提高学生的学习积极性和主动性。学生可以在平台上展示自己的学习成果,如作文、绘画、手工制作等。其他学生和家长可以对作品进行评价和点赞,让学生感受到自己的努力得到了认可和鼓励。

四、结论

在探索教育未来的道路上,"家校携手,智启未来"不仅仅是一句口号,更是新时代背景下构建和谐教育生态的实际行动。通过智慧教育平台的应用呈现了一个更加开放、互动和支持性的学习环境,这不仅极大地丰富了学生的学习体验,提高了教师的教学效率,更重要的是促进了家庭与学校之间前所未有的紧密合作。

家校共育　携手同行
——李晓琴工作站家委会会议暨家长开放日活动案例

四川省马尔康中学校　李晓琴

阿坝州外国语实验小学校　杨几

一、案例背景

　　为进一步加强家校联系共建，构建家校合作教育模式，让家长零距离地观察、感受、了解孩子在校学习生活情况，进一步引导家长以身为范、言传身教，高质量、高效率陪伴孩子，多维度、多视角看待孩子成长，不断提升家庭教育质效，共创学生良好发展环境，凝聚家校共育合力，全面促进学生身心健康成长，不断推动良好家教家风建设，更高标准、更高要求、更高水平地实现"家校共育"目标，四川省刘育聪名师工作室李晓琴工作站于2024年5月17日联合马尔康中学德育处、教务处共同举办了以"家校共育·携手同行"为主题的全校家委会会议暨家长开放日活动。

二、案例过程

（一）开放日第一项活动

　　5月17日上午9:00时，各年级家委会委员们陆续抵达马尔康中学校东区5楼阶梯教室，召开2024年全校家委会会议。学校党委副书记、校长张勇，党委委员、西区执行校长李开宏，德育处、教务处与工作站青年成员参加会议。

　　会议第一项，工作室李晓琴老师首先真挚感谢家委会对学校各项工作的支持，通过讲述典型案例的方式向参会人员强调说明了开展"家校共育"工作的重要性、必要性、迫切性。她指出，家庭和学校是学生成长的两大重要环境，只有家校紧密合作，才能更好地促进学生的全面发展；同时阐述了成立校家委会的背景和目的，并对家委会的组织架构、工作制度等方面进行了详细解说。会议还强调家长委员会应在学校和家长之间发挥好"沟通桥梁"的作用——及时有效地传递家长的意见和建议，同时将学校的最新动向和政策及时传达给家长，让家长影响家长、让家长带动家长、让家长示范家长，

"倒逼"家长自愿学习、主动思考，切实肩负起家庭教育的主体责任，不断努力提高家庭教育水平。

会议第二项，李开宏副校长就校级家委会工作做了讲话，指出要切实发挥好家委会"对内联系班级""对外正面宣传学校"的重要作用，并围绕生源问题、校园设施建设等方面介绍学校情况，强调学校制度规范化、管理精细化，切实把控好教育教学的每个环节与细节。张勇校长围绕马尔康中学未来发展形势等方面发表讲话，指出学校发展离不开家长们的包容与支持，将顺势而为，整体打造教育高质量发展的马尔康中学，形成马尔康中学多元融合的教育特色。

会议第三项，由各位领导向各位家委会委员颁发聘书。

会议最后一项，由学校家委会副主任魏恒代表家委会全体成员发言。他表示，将切实发挥好家校沟通桥梁上的一颗螺丝钉作用，全力做推动学校各项工作的支持者、配合者。家校有效沟通应建立在相互尊重、相互信任、相互支持的基础上，及时沟通意见想法，并进行反馈。

（二）开放日第二项活动

开放日第二项活动是观摩课堂教学。在教务处及工作站青年成员的引领下，家委会各委员进入到高一与高二年级参与观摩听课，班主任们向全体家长致以最诚挚的欢迎，并在育人目标、家校合作、年级管理、班级精细化管理、活动流程等方面做了详细介绍，并邀请大家进班听课。家长以观察者、倾听者、记录者的身份进入各班教室随堂聆听各班教师的课，实地了解我校教师的教学工作与学生学习情况。

（三）开放日第三项活动

现场参观学生食堂用餐情况。在张绿波主任的带领下，由张勇校长、李开宏校长和工作站青年成员亲自陪同，家委会各委员到达学校食堂。在食堂负责人的带领下了解我校食堂管理与餐饮配置、学生日常用餐情况，并在食堂共同用餐。

最后，家委会全体委员在科艺楼二楼会议室开展家长开放日座谈会，完成家校合作问卷调查与意见征集。张勇校长对此次活动做了总结。家委会各委员就学校情况提出意见建议，例如：应提升学生主动回答教师提问的意识、加强思政教育与学风学纪建设、加强行为规范与安全教育等；并分别就参与此次活动的感受体会做了分享，家委会成员一致表示通过参加开放日活动，切实感受到学校领导班子思路清晰、目标明确、措施有力，对学校未来规划表示高度认可。

此次家委会会议暨家长开放日活动，不仅是一次成功的家校合作实践，更是对未来家校共育模式的一次有益探索。通过这种形式多样、内容丰富的活动，家长和学校在增进了解、加强沟通、共同促进学生健康成长方面取得了显著成效。

三、案例反思

（一）创新家校沟通模式，实现家校互动零距离

学校是教书育人的主阵地，有必要向家长及时沟通学生在校期间的思想情绪、学业状况、行为表现和身心发展等情况，同时向家长了解学生在家的有关情况。加强家校沟通，除了采用家长会、家长开放日等方式外，还应积极创新日常沟通途径，通过家庭联系册、电话、微信、QQ等方式，保持学校与家庭的常态化密切联系，帮助家长及时了解学生在校日常表现，及时沟通学生情况；同时要鼓励班主任、科任教师对学生开展有针对性的家访制度，学校领导要带头开展家访，全面了解学生在家表现情况。

（二）搭建家校共建平台，推动家校共育大格局

积极推动各年级、各班级家委会主任与家长们相互探讨班级有关工作，并及时反馈家长对班级工作的意见建议以及教师对家长的要求，让家长和教师相互沟通、相互了解，有利于在孩子的教育问题上达成共识。教师也应把班级建设的思路和做法向家长进行详细介绍和说明，利用家长的社会资源为班级开展教育活动提供便利。例如：让表现好、成绩优异的学生家长介绍经验，鼓励其他家长；或利用家长的职业经历介绍社会工作，对学生进行职业生涯教育，让家长也参与到学生的教育活动中去。

（三）发挥家长督学作用，促进家校联动共发展

要充分发挥家长对学校教育教学工作的参谋、监督、参与作用，不断提高家庭教育水平，广开社会育人渠道，积极构建家庭、学校、社会一体化的教育体系。通过开展督学活动，让家长们全程参与到学生的校园生活，这不仅有利于家长全方位了解学生的在校生活，还能打通家校之间的信息阻隔点，传达学校的教育规划与措施，拉近学校与家长间的距离，架起家校共建的桥梁，增进学校与家长间的信任与了解，真正实现家校携手共同培养孩子的目的。只有相互支持、相互促进，才能创造良好的学校生态，推动教育的高质量发展，为学生成长赋能。

 第二章 家校社协同开展家庭教育指导服务

家校共育的力量
——小罗的成长故事

四川省宜宾市屏山县君山路小学校　刘艳琼

蔡元培先生说过："家庭是人生的第一任学校，家庭教育对孩子的熏染、影响至关重要。"好的家庭教育，能为孩子的一生打上幸福的"底色"，让孩子成长为温暖又坚强的人。家庭是孩子成长的重要摇篮，家长教育对孩子的影响是潜移默化、天长地久的。随着社会的发展，越来越多的家长意识到家庭教育的重要性，并开始寻求有效的教育方法。那么怎样才能让孩子健康、快乐地成长呢？

一、案例背景

小罗是一位 7 岁的一年级新生，因其活泼好动和好奇心强给我留下了深刻印象。小罗在课堂上经常坐不住、注意力不集中，不是东张西望、在抽屉"偷耍"文具，就是与邻桌同学聊天，偶尔还随意站起来走动，对老师屡次的善意提醒要么满不在乎、要么就是充耳不闻。做作业不认真或者不完成。鉴于小罗这些在校情况，笔者及时与其家长取得联系，开学一个月后的第一次考试，不出所料，小罗考了全班最低分，这让她的妈妈非常担忧。

二、案例过程

上述情况发生后，孩子妈妈主动打电话表达歉意："老师，真的不好意思，孩子拖您后腿了。"同时也真诚地请教我该如何进行家庭教育。我平静地说："孩子这次确实考得差，你也不必太担心，分数高低并不是衡量孩子的唯一标准，目前小罗身上确实存在需要改进的地方，我们得一起帮她找找原因和解决办法"。小罗妈妈便开始自责起来："老师，我真的没有办法，那些拼音我都读不准，想辅导都辅导不了；还有在家里，我说的话她都不听，而且一说她就哭，偶尔还要发脾气。"我一听，这确实是个问题。于是，我和小罗妈妈商量，并达成以下共识：第一，妈妈先利用软件边学习边辅导，如果还有解决不了的问题就直接联系我帮助指导；第二，在家注意培养小罗的专注力，比如，和小罗聊天、沟通时，一定要注意语气、语调和眼神、表情的交流，

让孩子先认真倾听，再发泄情绪；第三，如果小罗要无理取闹、发脾气，就暂时不理她，待她情绪稳定了再给她讲道理；第四，如果讲道理不听，可以提前和我沟通好，等她回校后我再对她进行教育。

  第二天，我把小罗叫到面前，拉着她的手，她显得很紧张和害怕。我说："孩子，老师叫你来不是要批评你，而是想帮助你！"她用惊讶的眼神望着我。"帮助你改变自己，不再考这样差的成绩。"她用力地点点头，眨巴眨巴大眼睛望着我，"其实，老师一直在关注你，关注你的进步。从现在起，我们做个约定：你上课认真听讲，不摆弄东西、不聊天，如果你偶尔控制不住自己，我就提醒你，如果提醒你你还是不改，那我就会在班上批评你。"小罗用力点点头。我抚摸着她的头，把她拉得更近，凑近她的耳朵悄悄问："你想老师当着全班同学的面批评你吗？"她一下子就脸红了，摇了摇头。"那我们就说定了。拉钩上吊一百年不许变，变了就是小花狗……"她非常开心地和我拉钩约定。

  此后，她一旦上课注意力不集中，我就会用眼神或动作示意她，她也很快就乖乖坐好，认真听讲。有一次上语文课，我一边讲课一边用眼神和动作提醒了小罗两次，小罗还是不自觉地站起来和邻桌继续聊天，这让我很生气。下课后，我把她叫到办公室，她马上低下头，泪珠滚落，我轻轻为她擦去眼泪并说道："你是个聪明的小姑娘，老师还没有批评你你就知道自己错了"她用泪汪汪的眼睛望着我，似乎要说什么。终于，小罗开口了："老师，对不起！我不是故意站起来的，是刚才有个字我总读不准，就着急站起来问同桌了"看来，这孩子还是一直谨遵我们的约定的，我虽然心里原谅了小罗，但还是叮嘱她："以后遇到不会的先记下来，下课后再问老师和同学"同时，小罗妈妈也每天坚持在家辅导小罗，遇到不会或棘手的问题就和我联系。渐渐地，小罗的作业书写得越来越好了，上课时也更加专注了，我还时不时地当着全班同学的面夸赞她，还表扬她的作业书写得工整美观。我时常将她在学校的点滴进步及时反馈给她妈妈，让她妈妈夸奖她的进步、努力和认真，并鼓励她。慢慢地，小罗的成绩也突飞猛进了，自信心越来越强，好几次测试都考了100分，课下也主动与更多同学互动交流，也喜欢和老师们打交道了。

  为了进一步提高小罗的课外阅读能力，她妈妈虽然主动要求孩子每天坚持阅读，但小罗总是三天打鱼两天晒网，不肯坚持。于是，小罗的母亲主动联系我，表达了对孩子表现的担忧，并寻求改善的办法。于是我再次把小罗叫到面前与她谈心，了解到她并不是不想读，而是因为课外读本上有很多字她不认识，所以不想读。于是我问她："遇到不认识的字，目前有什么办法可以解决呢？"她眼珠一转，灵机一动地说："用拼音。""对呀，咱们学了方法就得用起来呀！"于是，小罗又开始坚持天天朗读，尽管很多时候她读得很吃力也很不流畅，但我总会真诚地夸赞她某个音发得准，某个片段读得流畅，音色很美……这样一来小罗的读书兴趣越来越高涨，主动每天打卡阅读，暑假里她是班里唯一一个坚持每天阅读的孩子。

三、案例反思

第一，观察与诊断。这是家庭教育的重要步骤。家长需要了解孩子的学习动态、行为模式，确定问题的根源，以便采取相应的教育策略。

第二，沟通的重要性。家校合作的关键在于沟通。有效的沟通可以帮助家长和教师更好地理解彼此的期望和需求，共同为学生的成长提供支持。

第三，共同的目标。家校合作的最终目标是促进学生的全面发展。所有活动和措施都应该围绕这一目标进行设计和实施。

第四，尊重和理解。在家校合作过程中，家长和教师应该相互尊重和理解，避免因为教育理念或方法的不同而产生冲突。

第五，持续的合作。家校合作不应该是一次性的活动，而应该是持续的过程。应该定期反馈或评估合作的效果，并根据反馈调整育人目标。

第六，个性化的关注。每个家庭和学生都有其独特性，家校合作应该考虑到孩子的差异性，并提供个性化的支持和资源。

第七，积极的鼓励。老师、父母对孩子的欣赏和鼓励往往是孩子成长的动力，比如，在小罗的成长过程中，夸赞无疑给了她前进的莫大力量。

第八，参与孩子的学习过程。小罗妈妈在意识到孩子的问题时，始终参与小罗的学习过程，一起阅读、做作业，通过互动方式提高了小罗学习的兴趣。

第九，耐心与支持。这是家长在家庭教育中的重要品质。在上述案例中，小罗妈妈始终保持耐心，给予小罗足够的支持和鼓励，让她知道失败是学习过程的一部分。

小罗的成长转变虽是众多家校合作案例中的一例，却凸显了家校共育的深远意义。家校合作提供了一个平台，让家校能够共同探索和实践有效的教育方法。

特色文化引领与健全人格养成
——凉山州会东县和文中学开展家校社协同育人实践案例

四川省凉山州会东县和文中学　尹凤

一、案例背景

凉山彝族自治州会东县位于中国四川省西南部，与云南省巧家县、禄劝县等隔金沙江相望。会东县是一个多民族聚居的地区，其中彝族和傈僳族人口较多。彝族文化和傈僳族文化是县城重要的民族文化组成部分。在这个独特的文化背景下，少数民族学生的成长和适应社会发展能力的培养等方面都有赖于家校社协同育人机制的建立。本文将围绕凉山彝族地区的家校社协同育人实践，通过深入分析会东县在家庭教育指导方面的具体案例，探讨其成效、挑战及未来发展方向，以期为相关实践提供借鉴和参考。

会东县和文中学位于会东县城东部鲹鱼河畔，学校里的学生来自不同民族的家庭。学生以汉族为主，彝族、傈僳族以及其他少数民族学生皆有。这就导致在进行家庭教育指导工作时，家校沟通存在语言交流和文化沟通障碍。随着社会的快速发展，家庭、学校、社区之间的教育衔接问题日益凸显。为了改善这一状况，学校考虑到民族地区家庭教育存在的问题，决定结合少数民族家庭的实际状况和少数民族家庭特色，尝试家校社协同育人的新模式。

二、家校社协同育人的内容和具体实施路径

（一）挖掘整理少数民族特色文化

学校与会东县文化馆、县史志办、县作家协会沟通联系，成立会东县民族文化资料编录小组。县文化馆工作人员负责资料的搜集和提供。县史志办工作人员负责资料的校订和核对。学校语文教师代表负责资料的筛选整理和编排。县作家协会工作人员负责资料的语言润色和调整。既要保障资料的充足性和准确性，又要保障语言和内容适用于校园环境和学生的年龄特征。整理编写后由学校文印室统一安排印刷，分发到各年级作为课外阅读材料。

（二）挖掘特色开展家访活动

由学校教科室统一制作家访调查表，教师填写完成调查表以及调查访问意见后，统一交给教科室存档保管。班主任和科任老师包班选择家访对象，利用周末或节假日的时间进行调查访问。家访的形式可多样化，目前常采用的是以下三种形式：教师到学生家中实地探访，家长到学校进行座谈访问，电话、微信等方式在线调查访问。

通过家访的活动，教师全面分析受访学生及家庭在教育方面存在的问题和短板，根据常见问题和特殊问题的分类进行少数民族家庭教育指导。每学期通过评比，筛选出优秀案例进行汇总，结合科学的家庭教育理论，编写成操作性强的《少数民族家庭教育指导手册》。比如，彝族有自己的语言文字和文化习惯，我们在开展家访活动时，首先要了解他们家庭的具体情况和家庭教育存在的问题。针对具体问题，我们可以选择《少数民族家庭教育指导手册》中具有针对性解决问题的办法，将之翻译为彝文进行宣传和推广，帮助彝族家庭开展科学的家庭教育。

（三）开展家校社联席论坛

以年级为单位，每学期开展一次家校社联席论坛活动。家校社联席论坛以会议形式召开，以当前家庭教育中存在的问题作为论坛主题，从家庭、学校、社区几个角度出发讨论解决问题的办法和路径，分享家庭教育的理论和实践经验，提高各界对家庭教育的重视程度，共同探讨青少年的成长环境等问题。论坛会议邀请家长代表、教师代表、社区或乡镇代表参加。会后将会议内容整理成家庭教育相关资料，用于指导家庭教育的实践过程。

（四）社区或单位组织民族文化活动进校园

民族文化活动进校园体现在以下几个方面：

第一，会东县和文中学先后与县文化馆联系，由文化馆派工作人员到校教授会东县傈僳族非物质文化遗产——蹢脚舞。另外，《欢迎您到会东来》和《火塘边上嘟噜哩》成为学校第一期阳光大课间的特色活动。第二期阳光大课间特色活动是彝族特色舞蹈《阿诗且》。

第二，学校每年举办"中华民族一家亲，同心共筑中国梦"文艺汇演活动，邀请家长代表和社会代表到学校观看表演，共商教育发展之未来。

第三，由文化馆组织非物质文化遗产项目的手工体验活动，学生及家长共同参与，领略非物质文化遗产的魅力。

第四，在各种节日期间，学校对留校和留守学生开展爱心守护活动，组织文娱活动陪伴留校和留守的学生，尤其是少数民族学生，共同欢度节日。

民族文化活动进校园，活动形式要丰富多样，要充分挖掘民族文化中具有活力和教育意义的资源，通过文化娱乐活动，促进文化自信心的树立，有助于共建民族团结的大环境，共同树立爱国情怀。

（五）集中开展家庭教育讲座服务和家庭教育座谈会

学校分年级邀请专业讲师进校园开展家庭教育讲座服务，以班级为单位开展家庭教育座谈会，与家长共同沟通协商解决孩子的教育发展相关问题。学校教导处制作相应的表册以供会议记录和档案留存。

（六）建立家长开放日，家长讲师进校园

学校在每个学期安排一次家长开放日活动，让每个班级的家长代表全天在校参与学校的教育教学、生活管理等各个环节，包括进班听课、观看阳光体育大课间特色活动、观摩音体美和兴趣班的教学相关活动、参观校园环境、参观学生宿舍和体验学生食堂就餐等活动。学校统一制定方案，各科室参与互动，班主任全程陪同带领家长交流并做好相关记录。参观完校园，由家长代表作为家校协同育人的讲师开展家庭教育相关话题的讲座。

（七）成立家长志愿服务团队

为了加强家校沟通与合作，让家长充分参与学校管理。在学校支持下，家长们自愿成立了家长委员会，而家长委员会成员中那些热心公益事业、富有责任感和奉献精神的人又自愿成立了家长志愿服务团队，他们负责保证学生的安全和学校周边交通的畅通，协助解决学生离校时的相关问题。

（八）线上线下多维度协同育人

如今是新媒体时代，家校社协同育人工作并不局限于一个固定场合，也不局限于一种固定形式，可以借助网络通信平台来整合家庭教育资源，提供多元化的教育服务形式，强化课堂内外相结合、校园内外相结合和线上线下相结合的服务格局，创新家庭教育的服务形式，建立协同育人的运行机制和保障机制。学校的每个班级都设有班级管理微信群或QQ群，便于及时进行家校沟通和资源信息分享。构建数字化行动的新平台和新模式，有助于快速高效地解决家校在育人方面的各种问题。

三、结论

家校社协同育人涵盖了政策、资源、环境等多个方面,需要多维度共同为协同育人的实施提供有力支撑。首先,政策支持是家校社协同育人的重要保障;其次,资源整合也是协同育人的关键;此外,环境建设也是支持保障的重要组成部分;最后,人员培训也是家校社协同育人的重要支撑。

家校共育　静待花开

四川省凉山州金阳县城关小学　向安惠　吴邦喜

在当今社会，家庭教育在孩子的成长中起着至关重要的作用。它不仅影响孩子的学习成绩，更关系到他们的品德修养、行为习惯以及未来发展。特别是在小学阶段，家庭作为孩子接触社会的第一课堂，其教育环境和教育方法对孩子的性格塑造和习惯养成具有深远的影响。本文将以一名小学三年级学生阿艺的家庭教育为例，探讨如何通过家庭和学校共同努力，有效改善家庭教育环境，促进孩子的全面发展。

一、案例背景

阿艺是上学期转到我们班的，原本他该读四年级，但他在原班级甚至整个年级都是出了名的刺儿头，父母无奈，只得把他转到一所私立学校进行全封闭管理。刚开始还好，可过了一段时间他又恢复原样。父母只得又把他转回原学校并降了一级，于是我就成了这个刺儿头的班主任。阿艺的父母均为上班族，工作繁忙，平时无暇顾及他的学习和生活。阿艺主要由爷爷奶奶照顾，但老人对他的学习和生活习惯要求不严，加之溺爱孩子，对阿艺有求必应，导致阿艺在学习上缺乏自觉性，从来不会把作业认认真真完成，成绩一直处于班级最低线，同时他还存在不爱整洁、懒惰，经常欺负同学，不愿意参加集体活动等行为，而且他体型庞大，是一个名副其实的小胖墩。

对阿艺的教育问题分析如下：

（1）家长陪伴不足：阿艺父母工作繁忙，无法给予足够的关注和陪伴，导致阿艺在学习和生活上缺乏指导。

（2）隔代教育溺爱：爷爷奶奶的溺爱和放任进一步加剧了阿艺的不良行为。

（3）缺乏明确目标和动力：阿艺在学习上缺乏明确的目标和动力，导致其学习积极性不高。

二、特色指导与创新经验

（一）建立良好的家庭沟通机制

实施措施：建议阿艺的父母每天抽出固定时间与他进行沟通，了解他的学习和生活情况，表达关心和期望；同时，鼓励阿艺主动分享自己的想法和感受，增强亲子之间的情感联系。

效果：经过一段时间的实践，阿艺与父母的关系变得亲密了，他开始主动向父母汇报学习情况，分享生活中的点滴。

（二）制定明确的学习和生活规则

实施措施：帮助阿艺及其家人制定了详细的学习和日常生活规则，包括作息时间、学习计划、家务分工等。通过规则的执行，培养阿艺的自律性和责任感。

效果：阿艺逐渐养成了良好的学习和生活习惯，作业完成质量提高，生活也变得更加有序。

（三）培养学习兴趣和动力

实施措施：通过与阿艺共同探讨他的兴趣爱好，帮助他找到了与学习相关的活动，如科学实验、阅读、运动等；同时鼓励阿艺参与学校的各类竞赛和展示活动，激发他的学习兴趣和动力。

效果：阿艺在参与这些活动的过程中，体验到了成功的喜悦，学习兴趣显著增强，学习成绩也有所提升。

（四）增强社交能力

实施措施：鼓励阿艺参加学校和社区的集体活动，如运动会、文艺表演等，并提供相应的社交技巧指导；同时组织家庭聚会，邀请阿艺的同学来家里做客，创造更多的社交机会。

效果：阿艺逐渐变得开朗自信，与同学的交往更加融洽，团队合作精神也有所提高。

（五）定期跟踪与调整

实施措施：定期对阿艺及其家人进行回访，根据实际情况调整指导策略，确保阿艺在正确的轨道上发展；同时建立家校合作机制，共同关注阿艺的成长。

效果：通过持续的跟踪和调整，阿艺的整体表现得到了显著改善，家庭教育的效果显著提升。

三、案例反思

（一）家长角色的重要性

家长是孩子成长过程中的第一任老师，其言行举止对孩子有着深远的影响。在本案例中，阿艺的父母通过调整工作、生活安排，增加对孩子的陪伴和关注，有效改善了家庭教育的环境。这充分说明，家长在家庭教育中的积极参与和正确引导是至关重要的。

（二）规则与自律的培养

明确的学习和生活规则有助于培养孩子的自律性和责任感。在本案例中，通过制定和执行规则，阿艺逐渐养成了良好的学习和生活习惯。这表明，规则教育是家庭教育中不可或缺的一部分，家长应根据孩子的实际情况制定合适的规则，并坚持执行。

（三）兴趣与动力的激发

学习兴趣和动力是孩子持续进步的动力源泉。在本案例中，通过挖掘和培养阿艺的兴趣爱好，激发了他的学习热情。家长应关注孩子的兴趣所在，提供丰富的资源和机会，让孩子在兴趣中学习和成长。

（四）社交能力的培养

社交能力是孩子未来发展中不可或缺的一项能力。在本案例中，通过参与集体活动和社交技巧培训，阿艺的社交能力得到了显著提升。家长应鼓励孩子走出家门，与同龄人交往互动，培养他们的团队合作精神和社交能力。

（五）家校合作的必要性

家校合作是促进孩子健康成长的重要保障。在本案例中，通过建立家校合作机制，共同关注阿艺的成长和发展，取得了显著成效。这充分说明，家长和学校应加强沟通和合作，共同为孩子的成长营造良好的环境。

（六）个性化教育的重要性

每个孩子都是独一无二的，拥有不同的天赋、兴趣和学习方式。在本案例中，家庭教育指导过程中充分考虑了阿艺的个人特点，采取了个性化的指导策略。例如，针对阿艺对科学实验的兴趣，引导他通过动手实践来深化对科学知识的理解；对于他不爱整洁的问题，则通过制定家务分工来培养他的责任感和自理能力。这种个性化的教育方式不仅提高了阿艺的学习积极性，还促进了他的全面发展。因此，家长在进行家庭教育时，应充分了解孩子的个性和需求，因材施教，为孩子量身定制适合他们的教育方案。

（七）情感支持的不可或缺

情感支持是孩子成长过程中的重要动力源泉。在本案例中，我们鼓励阿艺的父母多给予孩子正面的情感支持，如肯定、鼓励和赞美。这些积极的情感反馈让阿艺感受到了家庭的温暖和关爱，增强了他的自信心和归属感。家长应该学会倾听孩子的声音，关注他们的情感需求，及时给予支持和帮助；同时，家长自身也要保持积极、乐观的心态，为孩子营造一个充满爱和正能量的家庭氛围。

（八）鼓励自主学习与探究

在知识经济时代，自主学习能力显得尤为重要。在本案例中，我们通过引导阿艺参与科学实验、阅读俱乐部等活动，激发了他自主学习和探究欲望。这些活动不仅丰富了阿艺的知识视野，还培养了他独立思考和解决问题的能力。家长应鼓励孩子多提问、多思考、多尝试，为他们提供足够的学习资源和探索空间，让他们在实践中学习、在探索中成长。

（九）持续学习与自我提升

家庭教育是一个长期且复杂的过程，需要家长不断学习和自我提升。在本案例中，阿艺的父母在我们的帮助下，逐步掌握了科学的教育方法和技巧，提高了自身的教育素养。家长应树立终身学习的理念，关注教育动态和前沿理念，不断充实自己的知识储备和教育能力；同时，家长之间也可以相互学习、交流经验，共同进步。

四、结论

家庭教育是一个动态的过程，需要家长根据孩子的实际情况和成长变化进行及时的反思和调整。在本案例中，我们定期对阿艺及其家人进行回访和沟通，根据孩子的表现和家长的反馈调整指导策略，这种灵活性和适应性确保了家庭教育的针对性和有效性。家长应养成定期反思的习惯，审视自己的教育方式和方法是否得当、是否适合孩子的发展需求，及时进行调整和优化。

综上所述，小学家庭教育指导强调了家长角色的重要性、规则与自律的培养、兴趣与动力的激发、社交能力的培养、家校合作的必要性以及个性化教育、情感支持、自主学习与探究、持续学习与自我提升和反思与调整的重要性。这些经验和做法不仅有助于改善家庭教育的环境和方法，还能够促进孩子的全面发展和健康成长。

多视角下农村小学家庭教育指导路径
——以攀枝花市西区格里坪镇小学校为例

四川省攀枝花市西区格里坪镇小学校　黄婧琪

农村家庭教育指导以提升农村家长教育能力为目的，以促进农村地区孩子健康发展为核心。与城市相比，农村地区在家庭教育资源的获取上存在一定差距，包括优质教育资料的匮乏、教育信息传播相对缓慢等。同时，农村家庭成员平均受教育年限较短，在教育理念的理解与运用、教育方法的选择与实施上，表现出相对薄弱的能力。部分家长对家庭教育在孩子成长中的关键作用认识不足，尚未充分意识到家庭教育与学校教育协同配合的重要性。多种因素交织，致使农村家庭教育水平在整体上有待进一步提升。因此，提高家庭教育的意识和能力是农村家庭教育服务指导的首要目标。

一、农村家庭教育指导的意义

由于部分农村家庭家长的家庭教育观念滞后、沟通能力差，加上未能意识到家庭教育的重要性，导致学校在育人方面变成孤军奋战，学生的教育主要依靠在校老师。因此，农村家庭教育指导势在必行且意义重大。通过家庭教育指导，让农村家长转变错误的教育观念，认识到自己身上的教育责任，与学校合作共育，帮助学生建立正确的价值观，将学生培养成健康快乐、适应社会生活、对社会有用的人。

二、区域内农村家庭教育存在的问题

（一）农村经济落后，教育观念落差大

攀西农村地区经济不发达，因此我校学生普遍家庭经济条件一般，生活环境不佳，相较于经济发达地区，攀西农村地区相当一部分学生家长的家庭教育理念较为落后，学生处于留守、半留守状态。父母每天忙于工作，早晚见孩子一面都难，对于孩子的养育只注重生活方面，对孩子的学习发展没有目标与要求。一些家长不清楚家庭教育对学生形成正确三观的重要性和影响力，不懂得通过家庭教育引导学生身心健康发展，建立良好亲子关系，甚至不能认识到家庭教育对学生成长的重要性，这些家长认为学生的教育是学校和老师的事情和责任，他们不关心学生的学习情况和心理想法。

（二）家庭教育方式粗暴，思维不与时俱进

有些农村家长的教育方式简单粗暴，往往采用打骂的方式教育孩子。在家校沟通中对老师说得最多的一句话就是"不听话就打"。这样的教育方式影响孩子的品德形成、社交能力、身心健康，孩子在这样粗暴的家庭氛围中成长，难以形成正直、宽容的品格，在社交中不自信，内心敏感，不会正确处理自己在成长中出现的各种问题。

（三）家庭教育指导方式单一，教师专业指导能力不足

目前一些农村学校并没有设置家庭教育指导方面的专业教师，而普通教师又欠缺家庭教育指导的能力，这些家庭教育指导能力较弱的教师大多依靠自身经验去帮助农村家长处理家庭教育中遇到的问题，这导致效率低下甚至无法解决问题。其次，农村教师想提升家庭教育指导能力的渠道有限，基本上是通过网络、书籍、同事交流等途径提升，学习机会不足，导致其专业性不强；另外，一些农村学校的一线教师由于教学工作繁忙，常常无法兼顾家庭教育指导工作，甚至觉得家庭教育指导只是提升学生成绩的辅助途径，没有认识到家庭教育指导对育人的重要性。

三、农村学校家庭教育指导路径

（一）指导家长做"三修"新型家长

1. 修心，强化责任意识

父母永远是家庭教育的第一责任人。无论学校教育多出色，家庭教育才是一切教育的起点，学校教育无法涉足的都是父母的责任范围。家庭教育指导首先应该转变家长的教育观念，让家长明白，对于孩子的教育家长是第一责任人，家庭教育是孩子人生的第一课堂也是最重要的课堂；其次，将家长长久以来认为教育是学校和社会的责任这一错误理念改变过来，引导家长认清自己的角色，明白自己的责任是给孩子创造一个良好的家庭氛围，并与学校配合，共同促进学生得到全面发展。

2. 修言，强化主体地位

言传又身教，教子亦教己。父母是孩子学习语言的第一位老师，也是第一个沟通的对象。家庭教育才是孩子成长发展的主阵地。要强调家庭教育的主体地位，培养家长的教育能力和沟通技巧，指导家长在沟通的过程中，反

思自己的不当之处，教师进行观察、指导。

家长和孩子之间有效沟通才能"亲其父母，信其言"。有些农村家长不善于沟通和倾听，应指导这些家长尊重孩子的想法与观点，不能冷漠对待不予回应，更不能冷嘲热讽；首先要做到倾听，尝试理解孩子，再用语言、表情、肢体等回应孩子。另外，要指导家长学会表达，要以孩子容易理解的方式表达自己观点，比如用生动的比喻来解释复杂的道理，避免批评、说教、打击，从而达到教育孩子的目的。

3. 修行，重在参与

再好的老师也比不上父母的言传身教。家长的素质决定家庭教育的成败，家庭教育的水平通常与家长素质成正比。虽然很多农村家庭的教育资源比不上经济发达地区的家庭，但是父母的品德是对孩子最好的家庭教育。在开展农村家庭教育指导中，教师应指导家长修炼自己的一言一行，给孩子做一个好榜样，教育孩子，从改变自己开始。例如：教师将劳动教育与家庭教育相融合，让农村家长整理家庭环境、搞好卫生，让孩子整理自己的学习用具，这样既促进学生养成良好的日常行为习惯，又让家长修炼了自己的行为，这是家长参与家庭教育的直观体现。

（二）教师实现专业发展，提升专业自觉性

2019年《中共中央国务院关于深化教育教学改革全面提高义务教育质量的意见》中首次明确提出"家庭教育指导能力"，并把"家庭教育指导能力"与教师德育、课堂教学、作业考试命题设计等能力并列，这说明教师具备家庭教育指导能力的重要性。

因此，提升农村学校教师的家庭教育指导专业能力迫在眉睫，可通过家庭教育指导专家团队或名师工作室对他们进行线上或线下培训，让他们学习工作经验，总结实践成果，不断提升自身的能力。

另外，农村学校教师要有提升自身家庭教育指导能力的自觉性。每位教师都可以成为家庭教师指导服务者，要将家庭教育指导工作与日常教育教学工作相融合，尽力发挥农村教师的家庭教育指导作用，为农村家庭提供帮助，从而更好地促进农村学生的身心健康发展。

（三）学校内外合力，开辟育人多途径

学校是家庭教育指导服务的主力。农村学校要融合内外之力，做好农村家庭教育指导服务。

第一，向农村家长介绍科学的教育知识，传授有效沟通的技巧，帮助农村家长掌握科学的教育规律。

第二，在校内开展家庭教育指导讲座。邀请社区家庭教育辅导员在开学之初进校园开展公益讲座，或由经验丰富的优秀教师"现身说法"介绍自己的家庭教育指导经验。也可聘请校外家庭教育指导专家进校园开展讲座，为家长传达最新的家庭教育理念，指导家长培养孩子的学习兴趣和良好的生活习惯，培养孩子自觉学习和独立学习的习惯，学会与孩子进行有效沟通，注重心理健康教育……

第三，"云"家访与实地家访相结合，微信公众号推广相辅佐。"云"家访主要采用电话、QQ、微信、腾讯会议等方式，例如在微信公众号上每月推送至少一条家庭教育理念和法规等解读，让家长有正确的渠道和方法学习家庭教育理念与方法。每月开展2~3次以家庭教育指导为目的的实地家访，可以提高家庭教育指导效率，拓宽服务面，转变农村家庭教育观念，塑造"榜样性"家长，最终达到家校社协同育人的目的。

四、结论

综上所述，地处经济条件差、教育资源相对落后的农村家庭，往往家长的教育理念和教育方法滞后，在家庭管理中可能与孩子的关系疏远，导致部分学生存在心理健康问题，学习行为习惯不好，学习效率低。因此，农村教师应提升家庭教育指导能力，努力改变农村家长的教育方式和教育理念，引导农村家长做"三心"家长，为学生健康成长提供良好的家庭环境，指导家长培养学生良好的学习习惯和生活习惯，使孩子在家、校、社多方共同努力下成为全面发展的有用之才。

以爱为桥，沟通为道，家校合作共育幸福之花

四川省内江市第一中学　罗娅妮

什么是家校合作？即家庭参与学校教育，共同出力为学生成长搭建起一条绿色通道。学校教育具有团队性、系统性、专业性，而家庭教育具有针对性、连续性、灵活性，这两种不同性质的教育各有优势，并存在明显的互补性。家庭教育与学校教育各自不同的特点，决定了两者需要分工明确并积极配合。家校合作的开展对学生的能力成长、品质形成等多个方面具有积极的意义。那么，家校共育如何开展呢？下面笔者根据十五载的教学经历进行探讨。

一、案例一：以爱为桥

丽丽是我们班成绩优异、活泼开朗的女生。刚进入初一时，她上课积极回答问题，课后经常到办公室找我聊天、主动帮助我批改作业等。可进入初二之后，丽丽突然变了，上课提不起精神，下课也总是静静地一个人坐着，再也不到办公室找我了。有一天上体育课，她又以"身体不适"为由留在教室里，不去上体育课。看到丽丽趴在课桌上，我走过去轻轻拍了拍她的肩膀，假装漫不经心地问道："丽丽，是'大姨妈'来了吗？我那里有红糖水，我给你冲一杯吧！"她冲我摇摇头，继而又趴下去了。我接着问："你怎么了，心情不好吗？"听到我的问话，丽丽的大眼睛立刻有了泪水，她慢慢向我讲述了她的故事。丽丽有个幸福的四口之家，她比弟弟大六岁。今年九月，弟弟上一年级了，妈妈告诉丽丽，弟弟的学习归她管。可是弟弟调皮，她说的话弟弟不听，妈妈就骂丽丽没用，连一个一年级的小学生都教不好。于是弟弟再调皮的时候，丽丽就打了弟弟，但妈妈不问青红皂白，反而把丽丽打了一顿。丽丽泪眼婆娑地问我："老师，我感觉我妈妈不爱我了，我是不是真的很没用？"我心疼地抱了抱丽丽说："老师很爱你，你很有用啊，你是我最能干、最得力的助手！"

回到办公室，我给丽丽妈妈打了电话，约她见面并和她面谈了很久。丽丽妈妈听了我说的事情后很惊讶，她告诉我她是急性子，平时又太忙了，看到孩子学习不好，一下子急了就口不择言，根本没意识到对女儿的伤害这么

大。于是我给了丽丽妈妈一些建议：第一，给予孩子足够的关爱。一定要及时关注孩子的情感诉求，可以多陪孩子聊天，拥抱孩子，多给孩子鼓励和赞赏，让孩子知道你很在乎她。第二，对待两个孩子尽量做到公平、公正，不能因为大宝年龄更大就觉得大宝应该懂事，无论发生什么事都指责大宝，只要冲突不严重，应该让孩子们自己解决。另外，我和丽丽妈妈还约定好定时在微信上互相反馈丽丽在家、在校的情况，以便及时掌握她的思想变化。

一段时间过去了，我又在丽丽脸上看到了明媚的笑容，她还会主动给我讲她和弟弟的趣事。我问她："你爱弟弟吗？"她说："爱呀，我们全家都爱弟弟，当然，我们全家也爱我。"看着丽丽的变化，我深深感受到家校合作带来的成果和喜悦。

二、案例二：沟通为道

小林是初三上学期转到我们班上的转校生。我发现他上课经常打瞌睡，作业极其潦草，甚至不写作业，于是就和他聊天。可是这个孩子很倔强，无论我说什么都不吱声，既不说明原因，也不承认错误。我只好把小林的情况告知他的家长。小林爸爸告诉我，他们是离异家庭，孩子跟着小林妈妈。于是我又给小林妈妈打电话，希望她能够抽出一点时间多陪陪孩子，毕竟初三是孩子学习的关键时期。他母亲表示自己在外地工作，平时是外公外婆在照顾小林，而且孩子也不太听她的话，经常跟她顶嘴。了解情况后，我又跟小林做了一次较深入的长谈，这次我不谈学习，而是从我自己的成长经历、人生经历入手，我讲了我的一些成长感悟。这次小林开口了，他说在他很小的时候父母就离异了，爸爸有了新家庭，妈妈也总是忙，只有他在犯错误请家长的时候，爸爸妈妈才会给他打电话。虽然这通电话是斥责，却让他觉得爸爸妈妈还是关心自己的，自己不是孤单一个人。慢慢地，成绩就这样下滑了，现在想补回来似乎也不可能了。我告诉小林，父母不爱对方了，所以选择离婚，但并不代表他们不爱小林，只是因为生活所迫，他们不能待在小林身边陪着他成长，从打来斥责的电话就可以看出他们对小林的关爱。我又告诉小林初三的重要性以及一些学习方法，并告诉他，老师可以给他"开小灶"，帮助他一起进步。

俗话说：解铃还须系铃人。我又给小林的爸爸妈妈分别打去了电话，告诉他们对小林这种由于父母离异而产生的情绪上的波动要给予理解；要真心地和孩子交谈，向他耐心解释造成家庭不完整的原因，告诉孩子即使父母离异了，他们也是爱他的，并没有抛弃他；要对小林在生活上尤其是心灵上多加关心，即使没法亲自陪伴孩子，但可以多给孩子打电话聊聊天，拉近自己和孩子的距离，从而形成良好的家庭教育氛围，对孩子的引导和教育便会如鱼得水。

小林的爸爸妈妈很配合，后面的家长会、亲子活动等，两人都尽可能亲自参加，最终小林靠自己的努力，考上了一所很好的高中。

三、结论

苏霍姆林斯基说："教师不仅要成为一个教导者，而且要成为学生的朋友。"其实对父母来说也亦然。在爱的前提下，老师、父母联合起来共同教育孩子，其效果是惊人的。老师、父母多进行沟通，通过家校合作，进行深度的探讨，可以让老师对学生有更全面的了解；老师也可以从专业角度给予家长建议。家长、老师关爱学生，从学生容易接受的角度去沟通、交流，这样才能帮助学生朝着积极、健康的方向发展。让我们以爱为桥、沟通为道，共育学生成长为幸福之花！

见字如面——家校共育的书信沟通途径

四川省宜宾市第八中学校　侯会群

学生的成长离不开家庭的支持和学校的引导。作为一名班主任，笔者一直在探索如何使家校沟通更有效，让家长感受到班主任的用心良苦，让家长支持学校的工作和班级的活动，以便更好地助力学生成长。

一、案例背景

学生在初中三年的学习生活亦长亦短。在这三年里，应该如何与家长进行沟通才有利于达成家校共育的目的呢？有的家长对家校共育不理解、不支持，甚至反对；有的家长表示工作繁忙，没有时间也没有耐心来关注孩子的点滴成长。班主任采用什么途径向家长反馈学生的情况会更有效呢？

笔者是所在学校 2018 级 1 班和 2021 级 3 班的班主任。两个班级均有几名学生家长因各种原因无法到校参加学生成长报告会。学生成长报告会是经由班级认真筹备、动员班级全体学生参加的一个展示平台，能很好地挖掘学生的内在潜能，帮助学生发现自我优势。部分学生存在学习和行为习惯不良、人际交往障碍、心理抑郁等问题，非常需要得到家长的关注。然而往往也是这部分学生的家长以各种理由拒绝到校见证孩子的成长。比如：2018 级 1 班的小娜、小琳同学未能认真完成学习任务，收纳整理学习资料能力较弱，与同学之间不能友好相处；2018 级 1 班的小乙、小友同学心理抑郁，有过 3 次以上的轻生念头；2021 级 3 班的小易、小林、小欣同学扰乱课堂纪律，与科任老师发生冲突，与同学之间相处较困难；2021 级 3 班的小玉、大林、小雨同学没有学习目标，沉迷于游戏，不完成各科学习任务，心理抑郁，甚至靠药物才能入睡……鉴于这些情况，我从 2018 年开始跟这些问题学生的家长进行书信往来。

二、书信沟通过程

每个孩子都是独特的个体，有他自身的闪光点。他们都需要父母的关心和老师的关注。而孩子的每一个行为背后都隐藏着需求。他们需要父母、班主任和所有科任老师以及同伴理解他们，倾听他们内心真实的想法。

（一）初一阶段

家长和班主任应该注重培养学生良好的学习习惯和对初中生活的适应能力。在家校沟通方面，班主任应该注重沟通的方式、内容和效果，以此来取得家长的信任和支持。班主任在准备书信的过程中，要站在学校和班级整体的发展视角来理解科任教师的教学方式与方法；要从家长的需要、家长的视角来看待学生的成长。

初一上学期，笔者利用罗森塔尔效应，引导家长明白：父母是孩子最好的老师，父母的言传身教、一举一动都影响着孩子。尽管孩子们一天的大部分时间都在校园里度过，但他们的品行、习惯、兴趣、意志力以及幸福感都主要来自家庭生活。教育好自己的孩子，是家长们需要专注一生的事业。一次考试分数的高低是偶然的，可是家长是否负责任的态度却决定了孩子未来的发展方向。没有家庭的合作，仅有学校教师的努力，教育效果往往事倍功半。对于教育责任感强、能与教师紧密配合的家长，教师对他的孩子自然要特别关注——这是公平的。

初一下学期，笔者在书信中与家长沟通了有关学生发展关键期的内容，达成了"重视帮助学生养成良好学习习惯"的共识。"优秀是一种习惯""学习是孩子的自觉学习"。学生所有成绩都是依靠平时一点一滴地积累，从量变到质变而取得的。孩子有好的学习习惯，才能取得好的成绩。我们需要在孩子平时的学习中严格要求他们，力求打下扎实的功底，为日后的考试做好准备。

（二）初二阶段

在此阶段，家长和班主任应该关注学生的身心发展和学习思维能力的培养。

初二上学期，笔者在书信中与家长共同探讨学习埃里克森人格发展理论，重点学习有关青春期心理发展阶段的内容，了解学生情绪不稳定背后的真实需求，探寻学生行为习惯偏差、成绩下滑的真实原因，有针对性地帮助学生解决问题，帮助学生走出心理阴影；同时，引导家长注重培养学生的思维能力，学生要做好"四会"：一会听，听懂老师讲课的关键点，提高听课效率；二会做，把会的作业做成对的，准确规范地进行书写，表达自己的思路；三会讲，把自己学会的知识讲解出来，使能力达到一个新的层次；四会变，题目的形式无论发生什么变化，都能发现本质，并准确解答。对孩子们"粗心"的现象要支招，让学生对自己要树立信心、下定决心，更要有耐心地坚持，用细心来替代粗心。

初二下学期，笔者在书信中与家长共同探讨学习马斯洛需求层次理论和一些沟通小技巧，引导家长明白：情感的全部表达=7%语言+38%语调+55%面孔及姿态。家长与孩子要多互动，家长还要常和班主任或任课老师就孩子的教育问题进行交流，共同进步；同时，引导家长密切关注孩子的身心发展变化，尤其是孩子的人际交往情况，关注孩子所交往的同学和朋友。家长与老师共同引导孩子明白：同行为朋，同心为友。

（三）初三阶段

在此阶段，家长们要密切关注学生的学习成绩和升学问题。

初三上学期，笔者在书信中与家长共同探讨学习维纳归因理论和加德纳多元智能理论，引导家长不要光盯着分数，而要注重孩子的综合素质，不扼杀孩子的灵性，不忽视孩子的个性，不泯灭孩子的信心。引导学生有效地学习才是重中之重，比如：

（1）合理分配精力。

（2）在正确的时间里做正确的事：学习和放松有清晰的界限，学习时专注地学习，注重课堂学习和作业质量。

（3）有正确的方法：适合自己的方法最有效。真正的努力，不是比谁花的时间更多，而是找到合适的方法，抛下杂念，然后全身心地投入。

初三下学期，笔者在书信中引导家长正视孩子的成绩，共抗竞争压力，同时引导家长填报志愿力求稳和准。

笔者还分享了家校共育后期管理的注意事项：

（1）让家长助力，在复习冲刺的关键阶段，做有平常心的父母；赋能家长，使之持有积极的心态，更有助于孩子从容迎战中考。比如：家长不唠叨，多倾听，多包容，多关心；不打击，多鼓励；明白这个阶段的孩子正处于青春期，情绪不稳定是正常现象，尤其是在面临中考时，压力较大会让孩子变得暴躁易怒。家校双方要有这方面的意识和准备，并通过合理的方式，帮助孩子宣泄负面情绪，同时让孩子一日三餐营养均衡。

（2）学生中考前的心理疏导：优化情绪、强化自信、进入状态、充分发挥。家校共同引导学生努力做到"五会"：一会复习，保持百倍的信心；二会运动，保持旺盛的精力；三会娱乐（听音乐、散步、看电影等），保持轻松的心情；四会休息，保持健康的体魄；五会放松，保持正常的心态。

三、总结与反思

每封书信背后都凝结着学校教师的良苦用心。笔者通过与家长三年的书信来往沟通，收获了班级所有家长百分百的理解和支持，得到了班级家长们对学校各项活动的一致认可和肯定。很高兴见证部分学生从初一时的孤僻、内向、自傲、自私转变成初三时的开朗、自信、谦虚、感恩，成为愿意为班级积极奉献的博雅学子。

  小小书信可以帮助教师联结学生背后的家庭，帮助每个孩子成就自己，帮助每个家庭成为孩子温馨的港湾。教育是一个缓慢而优雅的过程。真正的家校共育需要每位班主任用心做事，与家长们统一战线，一路同行，善待孩子，静待花开。

第三章

教师如何开展家庭教育指导服务

本章探讨家庭教育指导工作的具体内容，涵盖家庭教育的核心理念、科学方法与实践技巧，如宣传家庭教育法律法规、传授科学育儿理念、指导家长履行家庭教育责任，围绕儿童与青少年心理发展特点，向家长讲解儿童与青少年常见心理问题的识别与应对等。另外，家庭教育指导工作者还应关注自身的成长与发展，包括教师自身的情绪管理、沟通技巧的提升及重视持续学习，以提升家庭教育指导工作的专业性和有效性。

基于初中学生成长需要的家长会探索

四川省隆昌市第二中学　宋玉龙　刘育聪

　　家长会是家校沟通合作的重要纽带。基于初中学生的成长需求，笔者认为家长会不应该仅仅停留于班情汇报、家长培训等方面，而应家、校、生三方合力，根据学生现阶段的实际情况和成长需求共同调研讨论，达成教育共识，让家长会成为三方携手共育的成长指导会。

一、制定主题，统筹规划

　　初一入学教育阶段，我们可以根据学生的性格、性别特点，初中三年各学段的心理特征以及学年的学习任务、活动任务、家长特点等信息，与家委会共同筹划初一学年甚至初中三年的家长会开展方案，预设好每次家长会的主题，在主题导向下有计划、有目标、有针对性且频率适中、类型多样地开展家长会。

　　例如，笔者作为初2026届某班的班主任，在初一时，为了缓解家长小升初的教育压力，也为了让班级在起始阶段就打下扎实的基础，在新生入学之前，笔者就对班级学生的个人情况及家庭情况做了全面翔实的调查，在搜集学生暑期学习问题的基础上，笔者带领课题组成员设计了"初一上学期家长会规划表"，针对暑期准初一学生问题给予家长有针对性的指导，共同引领学生成长。

初一上学期家长会规划表

时间	第一期(8月)	第二期(9月)	第三期(10月)	第四期(10月)	第五期(11月)	第六期(11月)	第七期(12月)	第八期(12月)	第九期(1月)
成长需求	小升初衔接指导				周末、节假日居家学习指导				假期规划指导
主题	新生家长成长指引	我与孩子共同成长	青春期家长应做好哪些准备	如何指导孩子做好手机管理	如何帮助孩子进行自主学习	亲子沟通不顺畅怎么办	孩子抵触学习怎么办	如何引导孩子进行时间管理	如何引导孩子查漏补缺提升自己
开展形式	微信群推文	微信群沙龙	专题讲座家长研讨	专题讲座家长研讨	专题讲座	家长课堂	家长讲座	专题讲座家长研讨	线上讲座
负责人	班主任	家长	班主任家长	班主任家长	班主任家长	家长班主任	家长班主任	家长班主任	班主任家长

二、搜集信息，调研班情

有针对性的家长会才能对学生的成长有切实的帮助。因此，在家长会准备阶段，需要充分搜集班级信息，要对学生的总体特点、特殊情况、个性问题、内心需求，以及家长迫切需要了解的情况和希望通过家长会得到的帮助等进行充分调研。

对家长的教育困惑进行问卷调查、委托家委会收集家庭教育案例，都能帮助班主任及时了解家长的内心需求和学生的在家表现、亲子关系等信息。例如，有些学生对手机极度依赖，因此常常与父母发生冲突，出现亲子矛盾。于是，笔者带领课题组成员设计了"班级学生手机使用情况调查问卷"。该问卷涉及手机管理及亲子沟通方式等内容，旨在让家长认识到引导学生科学合理利用手机的重要性，也让家长认识到经营好亲子关系才是防止学生沉迷手机的良方。在此基础上召开的家长会让家长提升了家庭手机管理的认知。

学生的日常生活细节、在校的学习表现是家长会前应准备的第一手资料，便于在家长会上让家长全面地了解学生在校的学习生活情况。对此，教师随手拍下的照片是记录学生成长的好办法。班级的成长故事也可以成为家长会的素材。成长故事可以是班主任的教育笔记，也可以是学生的周记和班级日志，这些都可以成为家长会上的班情资料。

另外，在开家长会之前召开班委会、学生代表恳谈会，也是了解学生需求和班级现状、搜集班级成长信息的方式之一。

三、明确形式，助力需求

开展形式丰富多样的家长会，可以充分发挥家长和学生的主动性和积极性，引导学生和家长认识到自己的发展需要。

（一）专题讲座式家长会

在每学年的起始阶段和学生志愿填报等关键节点，可以召开专题讲座式家长会。比如，初一伊始，很多家长对初中的学科学习方法、青春期孩子特点及沟通方法等并不了解，即使有所了解也不系统和专业。如果能提前开一场讲座式家长会，告诉家长接下来学生成长可能会面临的问题、应提前做好哪些教育准备等，就能提升家长教育的前瞻性。

（二）家委会主导式家长会

随着社会的进步，文化水平高的家长越来越多，他们的教育理念先进，有着丰富的教育资源，参与学校教育的意愿强烈。因此，可以尝试由家委会主导开展家长会。家委会可以主导开展小范围家长会，重在研讨、共商共建，规划好整个学期的家校共育方案；也可以在班主任协助下开展班级全体家长会，由家委会确定好主题和内容，进行家长会的设计和组织，开展家长讲坛、专家讲座等活动，充分发挥家校协同育人的力量。

（三）家长分享式家长会

学期中召开的家长会，可以采取家长分享的形式。针对家长近期的教育困惑，可邀请班内家长甚至毕业生家长进行育儿心得分享。在一次初二家长会上，笔者在指导家长改善亲子关系的同时，又邀请了一些家长分享自己的育儿心得，有家长这样分享道："我们很爱孩子，所以当我听到孩子说'你一点都不爱我'的时候，我很震惊。原来付出的多少跟孩子的感受不一定成正比。为了让孩子感受到我们的爱，我在客厅显眼处开辟了'鼓励墙'，每天用便利贴给孩子写一句鼓励的话。说不出口的、怕孩子嫌啰嗦的话也可以简短地写下来。不管孩子看不看，我都坚持写，让孩子看到我们对她的爱和我们的坚持。"同辈的现身说法往往比班主任的讲述效果更好，此次家长会效果特别好。

（四）学生汇报式家长会

主题为班集体建设成果展示的汇报型家长会可以由学生担任主角，在学期末举办。学生负责汇总班级的学习情况、行为习惯、活动表现等相关情况，并在家长会上用PPT图文并茂地向家长汇报。初二开学之初，笔者就告知学生，本学期的家长会由他们来汇报，班长、学习委员、劳动委员、各科代表等班干部均要根据自己的工作任务进行有数据、有亮点的汇报。为了在汇报时向父母展现自己和班级最好的一面，班干部们日常工作的主动性、积极性被充分调动，我们班的班务日志记录得详细且生动。当学生们自信且沉稳地走上讲台时，每位家长都露出了欣慰的表情，那一次的家长会上，家长们聆听得格外认真。

（五）沙龙交流式家长会

在初二青春期问题多发阶段和初三复习备考阶段，可以召开沙龙交流式家长会。找一个温馨的环境，将有共性特点的学生家长或同一个学习小组的学生家长召集在一起，邀请科任老师一起进行小范围的沟通，以便更有效地和家长共同引导学生的成长进步。

 第三章 教师如何开展家庭教育指导服务

需要注意的是，这种形式的家长会需要提前告知家长们召开的模式和意图，沟通要诚恳、语言要艺术、人数要合理，让家长真实感受到班主任的尊重和帮助，以免误会自己是被区别对待的群体，产生抵触心理。

（六）线上学习式家长会

线上学习可以打破时空的界限，因此，相比线下家长会，线上学习式家长会可以设计得更加小而精。对于班级需要解决的问题，可在班级微信群里开展一场沙龙式家长会，参考翻转课堂的形式，提前预告班级案例，给家长思考的时间，以便进行讨论。还可以播放家长给孩子录制的或者班主任汇报总结的学生日常学习和参加学校活动的视频，达到鼓励孩子、激发家长积极性的目的。线上学习不一定是需要家长们同时线上参与的会议，也可以是一篇有成长指导的推文学习、家庭代表的育儿心得分享等，或者让家长们在一段时间内完成相应学习任务，达到提升教育智慧的目的。这种形式的家长会，家长和学生可以共同参与，有效解决了因为传统家长会周期长、沟通不及时而产生的一系列问题。从 2020 年开始，我们开展了多次线上学习式家长会，分别针对孩子居家学习和亲子关系建设进行了"居家学习的时间管理""烹饪共享美好时光""有效疏通孩子负面情绪""共建书香家庭""目标分级、看见努力"等主题的线上学习。很多家长在学习后写了自己的育儿心得，发表到班级公众号上供其他家长参考借鉴。

四、形式交错，总结得当

当然，这些不同形式的家长会也可以交错进行，只要符合班情和学生发展需求即可。无论哪种形式的家长会，班主任都要给家长提一定的要求。比如，在放假之前的家长会上，想让家长在假期中加强对孩子的管理，老师可以这样说："在家长会之前，我在班会中做了一个调查，问孩子们在假期中想让家长做什么，或者如何起到作业、手机的监督作用，总结了孩子的发言之后，得到了这些结论……"又比如，想要求家长和孩子多沟通交流，或者说学会与孩子沟通交流，老师可以这样说："在家长会之前，我在孩子们中做了一个调查，统计了孩子最想听到家长说的五句话和孩子最不想听到家长说的五句话……"当然，这些要求可以是孩子们真实提出的，也可以是老师认为对班级管理、孩子成长有积极意义的。

五、会后反馈，跟踪落实

会后反馈环节是家长会的重要组成部分，它和前期计划以及会议本身同样重要。忽略反馈与落实环节会降低家长会的影响力。家长会的反馈主要包括以下三个方面。

（一）家长针对本次家长会的反馈

家长在家长会后的反馈包括家长对班级召开家长会效果的评价以及在家长会上的收获和感悟等。班主任可以通过问卷调查等形式邀请家长主动反馈在家长会中的收获，提出建设性意见，让家校共育在合作沟通中不断提升效果。

（二）班主任对本次家长会的反馈

班主任的会后反馈包括教师对本次家长会开展情况的反思、家长及学生在会后的转变情况等。

通过家长会的家校沟通后达成一致的教育内容，也需要班主任和家长在会后配合落实。

（三）学生对家长会的反馈

班主任可以通过课堂表现、作业质量、行为表现和分别交流、单独谈心等方式，观察家长会上提到的班级和学生问题是否得到了改善。

对于学生的进步表现，要及时加以鼓励；对于依然存在或改进不大的问题，则需要进一步与家长共同商量，以确定更适合的解决办法。

六、结论

在家校共育中，家长会是班主任开展家校合作的重要实践。多年来，笔者通过家长会统一了家长们的教育理念，使家校合作一直非常紧密，家长们和笔者既是成长型教育理念的践行者，也是受益者。

 第三章 教师如何开展家庭教育指导服务

教师如何指导家长倾听孩子

泸州市大北街小学校 赖利波

家校共育是指家庭和学校共同参与和协作，以促进学生的健康成长和发展的教育策略。在家校共育中，家庭和学校应互相支持和配合，共同关注学生的成长，为学生的全面发展创造良好的环境和条件。作为学校教师，不能只是要求家长配合自己的教育教学工作，还应该为家长提供适当的有可行性的家庭教育指导。

笔者作为一线教师，在与很多家长的沟通交流中发现，很多小学五六年级的孩子对于家长的教导已经有了逆反心理，有时甚至还很抵触。针对这一现象，笔者认为，引导家长学会倾听是改变这一现状的有效途径。

一、指导家长改变家庭教育理念，学会倾听

倾听，是为了帮助孩子摆脱负面情绪，使他们恢复正常的思维和理智，从而有足够的注意力来理解和接受成人的正确意见和建议；同时，倾听也是一种从精神和感情上关怀孩子的重要方式。从沟通的角度看，倾听是沟通的前提。倾听是家长与孩子有效沟通的第一步。只有善于倾听孩子的心里话，我们才能知道孩子关注什么、需要什么，才能有针对性地给予孩子关心和帮助，也才能使以后的沟通变得更加容易和顺畅。通过倾听，成人可以了解孩子的心情，并表达对孩子的爱与关注，从而建立更加亲密的亲子关系。倾听是沟通的开始，是我们走进孩子内心的方式，是叩开孩子心灵大门的钥匙，倾听的目的就是为了能有效地进行沟通和交流。

由于原生家庭的影响，很多父母传承了上一辈"打、骂、吼"的教育方式，要改变这种教育方式，需要一线教师对家长进行引导。那么，用什么方式帮助家长更新家庭教育理念呢？家长会是一个首选的方式。教师可以利用家长会向家长传输科学的家庭教育理念，比如，让家长学会倾听。学校首先针对倾听这一家庭教育策略对教师们进行培训，然后教师再在各班的家长会上对家长进行相关的培训。另外，学校或者年级建立工作坊，教师也可以利用工作坊定期或者不定期地对家长进行线上培训或推送相关文章、推荐书籍

等,同时以讲座、分享交流会、座谈等形式进行线下培训,让家长有渠道、有途径了解、学习家庭教育策略。除此之外,还可以利用现代通讯工具如微信、QQ、抖音等社交媒体向家长不断灌输"倾听策略"等新的教育理念,让家长慢慢把"倾听策略"内化到自己大脑中,从而彻底改变过去不当的教育方式。

二、制定个性化指导方案,让倾听策略扎根每一个家庭

倾听在家庭教育中如此重要,是改善亲子关系的一剂良药,那么具体应该如何进行倾听呢?一线教师如何指导家长学会倾听呢?有哪些策略呢?首先教师要提前规划自己的指导内容,要根据具体情况制定相应的指导方案。尤其是针对不同的家庭情况和不同的年龄阶段,如何进行指导要做到心中有数,可以根据家长给老师反映的具体情况进行整理,针对共性的问题,老师可以通过家长会进行具体的指导。而对于个别情况老师则要进行个性化指导,必要的时候老师可以进行现场模拟示范,让家长亲自感受和体验;同时,家长在具体操作过程中如果遇到问题,教师要及时给予帮助,让家长熟练运用倾听策略,真正改善亲子关系,提高家庭教育的质量。

具体的倾听策略主要有以下几种。

(一)家长要安排专门的时间倾听孩子

有些家长由于忙于工作,平时与孩子相处的时间较少,面对这种情况,可以建议家长安排专门的时间去倾听孩子的心声。这一策略解决了父母难得与孩子在一起的问题,实施较容易且行之有效,能改善父母与子女之间的关系。实施倾听策略,可以先给孩子讲故事、讲笑话、谈论新闻等活泼愉悦的方式作为开场,让孩子放下戒备,孩子才愿意把自己的内心世界展现出来,家长才能了解更多的信息。在这个过程中,家长不要做过多的回应,只需要认真倾听,这样能让孩子学会自我疗愈,学会处理遇到的问题,获得更多的能力去迎接成长中的困惑。

怎么安排专门的时间去倾听孩子?家长需要做到以下几点:

(1)安排一段不长但是能有保证的时间。这段时间内不能有任何干扰,不能打电话,不理会其他人的来访,也不能同时照应其他孩子或做家务,总之就是要放下一切,做到全神贯注地倾听。

(2)在这段时间里,让孩子有支配父母的权利。让孩子知道,他想要你

做的任何事情你都愿意去做,无论是他口头说的还是他眼神示意的,你都要照着去做。在这段时间里家长以孩子为主,抛开家长的身份,此时的你只是孩子的一个专注倾听者,要做到全心全意去倾听孩子,让孩子能够感受到你满满的爱意和耐心。

(3)让孩子知道父母确确实实欣赏他。在这段时间里,家长的眼里要有光,要看到孩子的优点,并且带着欣赏的眼光看待孩子,让孩子感受到父母对他是欣赏的,同时把你对孩子的欣赏通过直接的方式向孩子表达出来。其实,对孩子的欣赏就是对孩子的认可,当一个孩子能够得到父母的认可,他与父母的关系就拉近了很多,此时孩子的安全感满满,他感受到被爱,觉得自己有存在的意义,才愿意把自己的心里话告知父母,父母就有了了解孩子的机会。相互了解才能使亲子关系得以重构。

(二)家长在游戏中倾听孩子

通过游戏的方式来倾听孩子,孩子的情绪会通过游戏的方式发泄出来。在这个过程中,孩子可能会发泄一些负面情绪,比如大哭大闹,大发脾气,甚至砸东西、打人等,其实这一过程是孩子在修复自己的内心,他把自己的心理问题通过这种方式宣泄出来,才能让自己以全新的状态面对下一次挑战和考验。在这个过程中,作为倾听者的家长,需要注意以下几点:

(1)在游戏过程中尽量让孩子笑出来,当然,这不是我们通过某种方式勉强让孩子笑,而是通过游戏让孩子发自内心地、开心地笑出来。

(2)在游戏过程中,倾听者可以扮演一个滑稽的角色让孩子笑起来。

(3)不要把自己的问题带入游戏中,在游戏中要服从孩子的领导。

(三)家长在孩子哭泣时倾听孩子

当孩子正在哭泣时,作为倾听者的家长首先要检查孩子与环境是否安全,如果有危险应立即采取相应措施。当孩子不存在安全问题时,家长不要流露出不安,也不要给予忠告:"我早就给你说了你不听,你看现在……"此时家长可以靠近孩子,轻轻地搂着他,与孩子进行目光接触,因为此时家长的抚摸和爱抚的目光是孩子最有力的支持,接下来和蔼可亲地告诉孩子,让他把自己的烦恼说出来。

（四）家长在孩子发脾气时倾听孩子

发脾气就像是孩子情绪系统中的雷霆闪电，是孩子情绪的宣泄，作为家长要如何才能更好地倾听发脾气的孩子呢？当孩子发脾气时，家长可以靠近孩子，但不要尝试去安慰孩子。因为此时的他正在以一种极端的方式来排除内心的挫折感，所以，等待孩子，等着他把脾气发完。如果此时是在公众场合，则应该把孩子带到一个隐蔽安全的地方，以免公众场合的环境对孩子造成更大的压力。

三、搭建支撑平台，促使家长的倾听能够有效落实，长久实施

（一）帮助家长建立倾听伙伴关系

当家长以倾听者的角色去解决家庭教育中出现的问题时，他们就成了孩子不良情绪的宣泄口。那么，家长如何扮演好倾听者的角色呢？作为学校教师，可以利用学校资源帮助家长建立倾听伙伴关系。老师可以根据家长们的情况帮助他们建立倾听群体，这些群体可以是线上的也可以是线下的，群体里的倾听伙伴们可以相互鼓励、分享经验、提升能力，从而更好地倾听孩子，提升家庭教育效果。

（二）帮助家长培养倾听伙伴关系

首先，作为指导者，教师要明确什么样的倾听方式才是有效的；其次，教师也要做好成为一名倾听者的准备，因为对孩子的教育过程是一场马拉松长跑，在这个过程中需要来自他人的支持和鼓励，指导者就担任了这一重要角色。教师在学会倾听的基础上还要通过自己的影响力和专业指导去培养家长中的倾听者，让遇到问题和困惑的家长可以有倾听的群体为自己提供帮助。也就是说，家长能够长期有效地使用倾听策略，是需要来自他人的支持和鼓励的，此时构建的倾听伙伴关系就扮演了这样的角色，不断认可、鼓励家长继续使用倾听策略去改善亲子关系，以提升家庭教育效果。

四、结论

倾听可以解决很多家庭教育中出现的问题。但有些家长没有倾听意识，不愿意听孩子把话说完，就将自己的意见强加给孩子，导致孩子把秘密藏在心里，不愿意与家长沟通，甚至认为家长不尊重自己，从而产生不信任感和

对抗情绪，使亲子关系变得疏远，影响孩子的健康成长。在家庭教育中，应该先学会听，听明白了才能有正确的应对措施。父母是孩子的第一任老师，其言行直接影响孩子。所以教师指导家长学会倾听孩子具有重要意义，通过教师有效的指导和支持，家长才能更好地理解和关注孩子的需求，才能构建和谐的亲子关系，提升家庭教育质量，促进孩子的全面发展。

"3I 策略"让单亲家庭实现自我赋能

四川省隆昌市第二中学　黄世能　付映春

单亲家庭仿佛是一叶孤舟,在波涛汹涌的生活海洋中面临着更多的挑战。然而,在单亲家庭成员的内心深处却蕴藏着一种力量,那便是复原力。本文将深入探讨如何借助复原力优势视角"3I 策略",激发单亲家庭的内在能量,指导、帮助他们拥有更多的"心能量",从而助力他们应对压力、迎接生活的挑战,让他们在生活的海洋中乘风破浪。

一、复原力优势视角"3I 策略"

复原力优势视角"3I 策略",如同航海者的指南针,指引着单亲家庭前进的方向。"3I 策略"即:自我认同(Identity),让每个单亲家庭成员明晰自己的位置和价值;内在力量(Inner Strength),这是单亲家庭成员乘风破浪的船桨;积极互动(Interactive),这是单亲家庭成员与世界沟通的桥梁。

(一)自我认同(Identity)

自我认同是指个体对自己身份的认知和接纳。对于单亲家庭来说,自我认同可以帮助家庭成员更好地理解自己的角色和价值,从而更好地应对外界的偏见和压力。通过增强自我认同,单亲家庭成员可以更好地应对生活中的困难,更加自信地面对未来的挑战。

(二)内在力量(Inner Strength)

内在力量是指个体内部所具有的能量和动力。对于单亲家庭来说,内在力量可以帮助家庭成员更好地应对生活中的压力和困境。通过培养内在力量,单亲家庭成员可以更好地发掘自己的潜能,从而更好地应对生活中的挑战。

(三)积极互动(Interactive)

积极互动是指个体与他人之间的积极交流和互动。对于单亲家庭来说,积极互动可以帮助家庭成员更好地应对孤独和社交困境。通过建立良好的人际关系,单亲家庭成员可以获得更多的支持和帮助,从而更好地应对生活中的困难。

二、如何运用复原力优势视角"3I策略"赋能单亲家庭

（一）锚定内心的罗盘，建立良好的自我认同感

（1）通过心理主题活动，帮助单亲家庭成员更好地认识自己的身份和价值，从而更好地应对外界的偏见和压力。

（2）提供心理咨询和家庭治疗，和他们一起寻找心理资源，协助单亲家庭成员度过艰难时期。

（二）握住驶向幸福的船桨，提升内在力量

每个人内心深处潜藏的能量和动力是战胜困境、追求幸福的关键。具体从两个层面展开：

（1）学生层面。第一，培养积极心态是根本，可通过学校心理课程和团体辅导来实现；第二，培养解决问题的能力是保障，可提供一些解决问题的实际方法和技巧；第三，协助单亲家庭学生学会如何面对学习及生活中遇到的问题，并整合自身资源进行解决，助力他们健康成长和发展。

（2）家长层面。设置以学生心理课程与家长心理沙龙相结合的家长课堂培训课程，通过家长课堂、家访，为单亲家庭家长提供科学的家庭教育指导服务。

（三）搭建人际关系桥梁，增强积极互动

（1）帮助单亲家庭成员建立良好的人际关系。对单亲家庭家长来说，可通过家长心理沙龙、成长小组等方式，帮助单亲家庭成员建立良好的人际支持系统，使他们在团体中得到肯定和接纳，并获得朋辈的理解和帮助。对单亲家庭学生而言，可给他们提供一些参加兴趣小组或心理社团的机会，让他们在轻松的氛围中与他人积极交流互动，获得更多的帮助和支持。

（2）建立有效的沟通渠道。利用现代通讯工具与单亲家庭进行交流互动，让他们感受到他人的关心和支持。鼓励单亲家庭成员表达自己的想法和感受，并教授一些有效的沟通技巧和方法。

（3）倾听单亲家庭成员的需求和困扰。通过定期与单亲家庭成员交流，了解他们的需求和困扰，并给予积极的回应和支持；同时也能够及时发现问题并采取相应的措施。

通过以上努力，让单亲家庭成员拥有良好的自我认同感，获得强大的内

在力量，发现更多的心理支持资源，实现自我赋能，从而达到家校共育的目标。

　　复原力优势视角的"3I策略"，是引领单亲家庭驶向幸福彼岸的航线图。通过自我认同的锚定、内在力量的激发和积极互动的桥梁作用，单亲家庭成员将能够在挑战与压力中焕发出内在的生机与活力。愿每个单亲家庭都能找到属于自己的阳光，温暖彼此的心灵。

及时关注　防患于未然
——入户家访案例

四川省宜宾市第八中学校　曹英

一、案例背景

七年级学生罗某，她妈妈是幼儿园的生活老师，爸爸是货车司机，平时工作较忙。罗某有一个小自己6岁的弟弟。罗某所在的班级有些特殊，有两个学生特别多动、特别调皮；班上还有几个确诊为抑郁症的学生。班主任一直忙于关注这些特殊的学生，没有太多时间去抓学生的学业成绩。基于以上原因，尽管学科老师们都很努力，但班级的学习氛围并不浓厚。通过家校联系，班主任从家长那里了解到罗某在前段时间"心态可能有一点小问题"，因为罗某向家长提出想看心理门诊。从期末考试的情况看，罗某发挥得较好。老师们想以此为契机，通过家访来引导罗某把握好暑期生活，消除心理健康隐患。于是班主任和学校心理老师一起组队前往罗某家开展家访。

二、主要问题

罗某前段时间跟妈妈说有点不舒服，妈妈带她去医院看了心理门诊，当时医生说是"睡眠问题"。班主任分析，最近班上陆续出现了一些有抑郁情绪的学生，罗某可能受到了影响，也觉得自己不舒服。

心理老师查看新生入校时的心理普查档案，发现罗某确实存在一定程度的心理健康隐患：她有明显的强迫和焦虑倾向，甚至出现过轻度失眠。测评报告显示，罗某获得的学校支持良好，但在情绪管理、家庭支持、积极认知和人际求助四个方面都需要提升。

三、解决措施

（一）防患于未然，及时沟通学生

帮助罗某制定合理的暑期学习计划，增强罗某的学习效能感，从而提高其解决现实问题的能力，帮助她消除心理健康隐患。

（二）采用学伴机制，激活学生行动驱力

把学习动力较强的学生聚集起来建立一个小群体，为学生在小范围内营造良好学习氛围，目的是让学伴之间相互激励、相互监督，充分利用暑期时光，合理安排学习和生活。班主任则不加入该群体，以免增加学生的压力。

（三）调动家庭支持，引起家长对孩子的关注

基于罗某有焦虑和强迫倾向，以及很少向父母诉说自己的困惑或烦恼的事实，有必要通过家访工作加强罗某与家长之间的链接，增强家庭对罗某的支持，避免罗某因不寻求支持的不良习惯陷入心理危机。

四、实施过程

（一）暑假前

班主任多方面、多途径地了解罗某近期的学习和生活状况、情绪状态、行为表现，目的是全面了解罗某，为家访做好准备，为罗某提供全方位的支持；心理老师则查看罗某的心理档案，看是否有需要重点关注之处。

（二）暑假中

1. 组队家访

班主任和心理老师约好一起到罗某家家访。班主任从学业着手，提醒罗某的书写没有进步皆因缺乏练习，希望罗某在假期里坚持每天按照学习计划落实小目标；同时引导罗某与班上其他同学结成学伴团队，互相督促。

心理老师则从脑科学的角度跟罗某谈论阅读及书写的好处。心理老师询问罗某对于班主任所提出的学习要求的接受度："当班主任对你提出这些学习上的要求时，0~10 分的压力值，你打多少分？"罗某的打分说明班主任提出的要求是比较合适的。然后心理老师又向孩子的父亲询问了一些问题，进一步印证了孩子不习惯在遇到困难时向家人求助，于是教师提醒家长要主动关心孩子。

2. 学伴激励

班主任虽不直接加入学生建立的学伴群，但对学伴团体的行为要持续关注和追踪，对于积极行为，要给予肯定和表扬，可采用直接赞赏或借家长及其他学伴之口间接赞赏，以增加学生的动力；对于懈怠行为，则"各个击破"，在学生能力范围内提出合理整改要求，及时给予正面强化。

（三）暑假倒计时

提示罗某,暑期学习的效果不会一开学就立竿见影,至少要坚持三个月,才会看到明显效果。

五、取得效果

（一）学业方面

罗某找到了暑期学习生活的方向,有了用行动落实具体目标的意识。她认为班主任在家访中给她提出的暑期学习要求很合理,她答应在阅读和书写方面会重点突破,并且在学习方法上也明白了理解记忆的重要性。

（二）家庭支持方面

罗某承认自己不主动求助并不是没有遇到烦恼和困惑,家长也意识到罗某作为家庭的大孩子也需要得到关爱,明白了主动关注罗某情感需求的重要性,罗某感受到向家人倾诉是很好的消解负面情绪的方式。在家校共育方面,家长的态度明显是积极的。

六、反思总结

（一）反思

罗某一向以比较自立的形象示人,表面上完全看不出她个人心理档案中显示出的强迫和焦虑倾向。她并不会轻易把自己的烦恼告知家长或老师,这点在家访中得到了罗某爸爸的证实。

（1）做这类学生的工作,不能等学生遭遇了危机事件时再去介入,而是通过心理筛查和平时的细微小事观察印证,要提前采取措施预防。这不仅能帮助学生提升学业成绩,也能帮助学生全面健康成长。

（2）对这类学生开展工作,不可采用"问题取向"的方法来直接戳穿学生极力掩盖的问题,因为这类学生没有主动暴露学业或生活困扰事件,当下也没有求助意愿,家访团队不便于盯着潜在的危机不放,更不能拿心理档案来说事,否则学生和家长都难以接受。

（二）成功与不足

1. 成功之处

如果没有班主任对罗某平时的关注和观察,是不可能找到帮助罗某的有效切入点的。罗某对学业成就有渴求，但平时动力不足，罗某爸爸也证实孩子"还不够自觉"。而想法多、行动力弱的孩子容易陷入焦虑。教师们采用行动导向，一方面以学伴组织的方式帮助罗某融入集体，加强其行动的驱动力；另一方面从具体方法上指导罗某制订暑期学习计划，帮助其充分利用暑期时间提升学习效能。这些策略非常适合罗某这类学生。

2. 不足之处

家访时，罗某的父亲在家，但罗某母亲不在家。老师看不到更多家庭成员之间的真实互动，对于家庭全面真实的信息无法做到全面了解。由于老师们在家访前对罗某家庭情况的调研不够全面，家访时很难找到引发家长深度交流的话题，导致对家长支持力量的调动停留在较浅层次。

（三）对未来工作的启示

（1）班主任和科班老师组团对学生开展工作是必要的。老师们提前碰头，互通有无，了解学生的信息，提前做好规划，才能有针对性地开展家访工作。

（2）心理老师认为查看学生的心理普查档案非常有用。心理老师多次发现心理筛查报告中的数据具有较好的参照性，对于学生潜在的心理危机有一定的预测功能。

（3）入户家访前要做足对学生家庭的调研。家访前需要初步了解学生的亲子关系、学生家长的夫妻关系、学生同伴关系、师生关系、支持系统、家庭氛围现状、有无行为异常、是否存在潜在危机等信息。只有提前了解这些信息，才能从多方面发动话题跟家长深入交流，避免家校交流浮于表面。为了避免信息遗漏，可提前制作学校家庭教育研究中心制定的《"家庭教育指导"个案工作指引表》。

总之，家访教师要把系统的思维应用于家访实践，充分收集学生及其家庭的全面信息，对学生呈现的问题进行正确的分析和良好的假设。只有这样才能做到心中有数，家访时才能采用有针对性的教育策略和家庭教育指导策略，从而更好地推进家校共育。

第三章 教师如何开展家庭教育指导服务

课堂上的泪与血

四川省自贡市第二十八中学校　李世明

一、案例背景：课堂上泪汪汪的大眼睛

记得是在"五一"节前后，我正在初二3班上地理课，突然看到倒数第三排的女生眼泪汪汪的，我立马走到她面前，只见她左手食指正在渗血，桌子上有一块尖尖的小玻璃片，她的手臂上也有多条陈旧划痕。凭着这些年对心理和家庭教育的经验，我意识到了什么，于是我马上帮她止血，并询问她是否去校医室或离开教室去休息或联系家长，她眼泪汪汪的只是摇头。我问她叫什么名字，这时有同学起哄道"老师，她叫某灿，她打碎镜子要自残"。我马上止住同学们的起哄，并收拾清理了玻璃碎片，然后对全班同学说：小灿同学不小心被镜子玻璃碎片划伤了手指，如果她有不舒服，要随时帮着叫老师，大家要多关心帮助她。

下课后，我又走到她面前关心地问起了她的情况。她眼睛特别大，还有点泪汪汪的。我去找班主任了解情况后得知，小灿抑郁、爱哭，偶尔会自残划伤手臂，有时会旷课不来学校。我请班主任联系家长，问家长是否愿意来学校与我交流一下。

二、案例描述：疗愈童年创伤

小灿的妈妈第二天就来找我交流了，说小灿还有个双胞胎妹妹（就在我教的另一个班），由于父母外出打工，她俩从小由外婆照顾。在孩子6岁多的时候父母离婚了，孩子由她抚养，因为她忙于工作，于是把两个孩子都交给外婆照管。小灿成绩不如妹妹好，人长得也不如妹妹机灵，被外婆嫌弃，经常被外婆打骂。

母亲无暇顾及孩子的心理，只是发现小灿越来越不爱说话，上初中后更是内向沉默，成绩也不如妹妹，很多科目都不及格。一问就哭，饭也不怎么吃，外婆没耐心只是吼骂。有次小灿晕倒了，才发现她手臂上有许多划痕，就带她去精神卫生中心看医生，医生说小灿出现了心理问题，于是给她开了药。目前小灿正在服药期间。

我从家庭教育的角度分析小灿问题的根源在于原生家庭，只有指导家长做出改变，才能帮助孩子疗愈童年创伤。于是我开始引导小灿妈妈，让她觉察到家庭给小灿造成的创伤和小灿的无助，让她意识到问题的严重性。

我和我校家庭教育工作站的成员们专门研讨了小灿的情况，和小灿妈妈商量疗愈措施：第一，继续按医生指导服药；第二，妈妈每天安排一定的时间陪伴小灿，活动形式可以征求孩子意见决定；第三，让外婆改变态度或暂时不让外婆照看小灿；第四，妈妈学习做智慧家长；第五，和我保持联系，并随时反馈与孩子沟通的情况。

从此以后，我经常给小灿妈妈推荐和分享一些家庭教育的文章和讲座让她学习。有一天她告诉我，小灿看到她送的礼物终于笑了一下，我立即恭喜她取得的进展。亲子关系破冰之后，我建议小灿妈妈给孩子好好道个歉，进一步治疗童年创伤。小灿妈妈给小灿道歉了，告诉小灿：妈妈对不起她，妈妈愿意改，请她原谅。过了几天是小灿妈妈的生日，她收到一束鲜花，贺卡上写着"妈妈，我理解你！"落款是小灿。我真为小灿妈妈感到高兴，鼓励她继续加油，同时我建议她征求小灿意见，让小灿选一项喜欢或至少不反感的运动。小灿选择了跆拳道，后来小灿妈妈经常在朋友圈分享小灿练习跆拳道的视频，我都积极评论点赞。

为了不让小灿觉得异样和有标签感，让她融入班级大集体，同时也为了帮助更多同学，我安排全班同学4人一组，每天午饭后带着试卷来找我单独分析指导，我告诉他们，如果思想上、学习上有任何困惑都可以给老师谈一谈。为了让小灿愿意交流，我努力挖掘她的闪光点，见她的字写得大气工整，我连连称赞，问她是怎么练出来的，她说是小时候和妹妹一起练的。我问她和妹妹关系如何，她说不好，妹妹的成绩一直比她好，她在家里被嫌弃，她过得很不开心。我说："那你有过特别开心的事吗？"她马上有力地说："有，小学有一次我考得比妹妹好，回家后外婆没再说瞧不起我的话，我心里开心了好久。"可怜的孩子，多么渴望被看见！之后我重点关注她、关心她，给她讲解题目，课堂上时常提问她，在她的作业本上批注鼓励性的话语，慢慢地，她上课能聚焦、眼睛开始有光了。

大概两个月后，小灿妈妈告诉我，小灿已经没吃药了，学习、生活的节奏也基本正常了。我继续跟踪关注她半年多，她再也没有出现之前的症状了，我常常看到小灿在课间与同学一起出入，有说有笑的，成绩也有进步。在微信里，小灿妈妈经常分享小灿学习、锻炼身体、与同学交往的愉快画面，我欣喜地点赞，分享他们一家的幸福。寒假前，期末考试，小灿的地理考了80分。期末开家长会，小灿和妈妈坐在一起，她的目光炯炯有神，以前开家长会妈妈都是去妹妹班的。家长在改变，小灿也明显好转起来，看到他们一家相处得其乐融融，我也感到很欣慰。

三、结论

美国心理学家布鲁尔·卡特说："孩子健康心理的培养比对孩子身体的关心更为重要，孩子只有具备了健康的心理，才能挑战未来，走向成功"。

而青少年的心理问题大都与12岁前的原生家庭有关。在所有的教育形式中，家庭教育是对孩子影响最大的教育。对孩子来说，家庭环境类似母亲的子宫。母亲的子宫是孩子的第一生存环境，家庭是孩子的第二生存环境。在当今物质生活已很丰富的情况下，孩子们渴望的是平等、尊重、民主、个人特色发展等，因此，新时代的教师和家长要懂得科学的家庭教育知识和方法，用共情、倾听、情感表达、强化、开放自我等方法与孩子进行交流，才能有效帮助学生全面健康地成长。

教育之本，心理为先。现实中像小灿这样的孩子还有不少，一方面教师必须要有爱且会爱，用慧眼发现学生的优势，并对其进行优势引导；另一方面教师还应学习并懂得心理疏导和家庭教育方法。人格心理学精神分析理论指出，人的心理过程需要能量驱动才能不断地进行下去。像小灿同学，老师恰当地给予这种心理能量，一点一点地帮助她修复完善人格，让她的内心世界慢慢明亮起来。

单亲家庭和留守儿童家庭教育指导案例

四川省绵阳市游仙区新桥中学　唐美丽

四川省绵阳市富乐实验中学　胡小凡

单亲家庭和留守儿童家庭是社会关注的群体。这种家庭的孩子由于缺少父母的陪伴，家庭教育很薄弱。为此，刘育聪名师工作室安琼工作站积极探索和实践，推动开展针对单亲家庭和留守儿童家庭的家庭教育指导，旨在为单亲家庭和留守儿童家庭的家长们提供有效、合理的帮助，促进孩子健康成长。

一、案例分享

（一）案例一

下面是安琼工作站优秀班主任陈恋的实践案例。

陈恋的班上有一个叫圆圆的孩子。她是一个14岁的女孩，在她2岁时，父母离异，随后父亲外出务工，将她托付给爷爷奶奶照顾。随着时间的流逝，她的奶奶去世了，留下年事已高、身体状况不佳的爷爷独自照顾她。这个家庭的情况非常特殊：父亲常年外出务工，母亲的离婚后也离家，孩子由祖辈照料，这样的生活环境，使圆圆常常感觉孤独，有一种"被遗弃"的感觉，内心充满不安和自卑，性格变得内向怯懦，在校的表现也因为家庭原因而受到影响；她的学习成绩一直不理想，处于及格线边缘；由于日常缺乏父母的关心和陪伴，她在学习和生活中遇到困难往往得不到及时解决，出现了孤僻、焦虑等心理问题。班主任陈恋老师了解到这个情况后，决定对圆圆的家庭提供必要的帮助和引导。陈恋老师联系上圆圆的父母，建议他们应尽可能通过电话、视频等方式保持与孩子的沟通，关注孩子的心理健康，定期与孩子交流，让孩子感受到父母的关爱；同时在经济上做好妥善安排，确保孩子的基本生活和教育条件得到满足，为孩子提供必要的学习资源，如图书、文具等，鼓励孩子努力学习；节假日尽量回家与孩子团聚，增进亲子关系……通过陈恋老师的多方努力和家长、社区的积极配合，现在的圆圆从以前的忧郁、消极和叛逆，蜕变成为一位阳光开朗的女孩。

（二）案例二

下面是安琼工作站经验丰富的班主任谢大钊老师的实践案例。

谢大钊老师的班上有个叫小鹏的孩子，来自四川绵阳的一个乡镇，他的情况也比较特殊：因为父母离异，他与母亲和祖父母一起生活；小鹏的母亲因为工作繁忙，经常加班，因此小鹏的日常生活和学习主要由祖父母照顾。最近，作为班主任的谢老师注意到小鹏的成绩有所下降，而且他看起来情绪低落，不愿意与人交流，于是与小鹏进行了一对一的谈话，了解了他内心的想法和遇到的问题。谢老师从小鹏的谈话中意识到家庭环境可能对他影响较大，于是决定进行家访，与小鹏的母亲和祖父母沟通小鹏的在校表现并了解他在家的行为，指导小鹏家长重视单亲家庭和留守儿童的心理健康与教育问题，让家长意识到孩子需要的不仅是物质上的满足，更多的是情感上的支持和理解；同时也向小鹏母亲介绍了学校可用的资源，如心理咨询服务和学习辅导班，并建议她让小鹏参加。在随后的几个月里，谢老师定期检查小鹏的学习情况和心理健康状态，定期与他进行交谈，监控他的情绪变化，同时还创建了一个由老师、学生和家长组成的支持小组，旨在为小鹏和其他类似情况的学生提供一个互相支持和分享经验的平台。通过一系列的努力，现在的小鹏变化很大，相比之前阳光开朗多了，学习上也进步很大。

二、总结与反思

上述案例分享反映了家校共育在孩子成长中的重要性，特别是对于来自单亲家庭和留守儿童家庭的孩子来说，他们需要更多的情感支持和关注。对于这两种特殊类型的家庭教育，需要父母或其他监护人具备耐心、理解和同情心，同时也需要社会资源的支持和帮助，社区组织、学校和政府机构可以提供额外的支持和服务，如课后辅导、心理辅导和家庭教育培训等，使这些家庭能更好地应对教育孩子时面临的挑战。

（1）教师要成为家长和学校之间的沟通桥梁，定期与家长沟通，让家长了解孩子的在校表现和需要注意的问题；同时对这些学生提供额外的情感支持和关注，鼓励他们分享自己的感受，帮助他们建立自信和积极的心态。

（2）利用家访和开家长会的机会，了解学生的家庭状况，与父母或其他监护人讨论孩子的教育和成长问题，并提供建议；为父母或其他监护人提供教育资源和信息，如教育讲座、辅导班信息、心理咨询服务等，帮助家长制定适合孩子的教育计划，包括学习计划、课外活动和家庭责任分配。

（3）如果学校有心理辅导老师，班主任可以推荐有需要的学生去进行心理咨询,帮助他们处理情感和行为问题。

(4)鼓励单亲家长和留守儿童的监护人参与孩子的教育过程,培养家长的责任感和教育能力。可以为单亲家庭和留守儿童家庭专门组织一些活动,如亲子活动、社交活动等,以增进家长与孩子之间的互动和沟通。

(5)要密切关注这些学生的学习进展,及时调整教学策略,确保他们能够在学业上得到适当的支持和帮助。班主任可以引导家长获得社区资源,如儿童关爱项目、社区教育中心等,以获取更多的支持和帮助。

(6)教师和家长要给予学生正面的反馈和鼓励,帮助他们建立自我价值感,减少因家庭原因产生的自卑感。

(7)建议单亲家长尽量多花时间与孩子沟通,倾听他们的想法和感受,建立稳固的亲子关系。作为唯一的家长,要意识到自己是孩子的榜样,要展现出积极向上的态度和行为,即使家庭结构改变了,也应保持教育方式和纪律的一致性。

(8)帮助单亲家庭家长建立单亲家庭支持小组,与其他单亲家长交流经验,互相帮助。

孩子的心理健康状况直接影响其学习和社交状态,家长的支持不仅仅是物质上的,更重要的是情感交流和心理支持。家庭和学校之间的定期沟通可以及早发现并解决问题,家校合作是促进学生健康发展的关键。在调研中,我们发现很多留守儿童像圆圆和小鹏一样,面临着亲情缺失、教育资源配置不均等问题。为了帮助他们,志愿者服务团建立了有效的关爱服务体系,比如设立留守儿童之家、开展心理辅导和家庭教育指导,以及组织假期亲子活动等,旨在为孩子们提供一个温馨的成长环境,并帮助他们提升学业成绩和自我价值感。另外,家长和教师对孩子的关注不应是暂时的,而是要持续和系统地跟踪,以确保他们的持续发展和个人需求得到满足。通过这样的努力,可以期待这些孩子能够拥有更加光明和健康的未来。

以优势视角指导离异单亲家庭教育
——以初中生家庭教育指导工作为例

四川省隆昌市第二中学　代礼金　付映春　刘育聪

一、指导背景

离异单亲家庭由于家庭结构裂变，带给孩子的影响突出表现在心理和行为上，对于处在青春期的初中生尤其明显。为此，四川省刘育聪名师工作室结合真实案例，进行了详细的调研与分析，尝试从心理学的优势视角来指导离异单亲家庭的家庭教育，形成"一家一案"的指导方法，帮助解决离异单亲家庭的教育难题和困惑，以实现家校协同育人。

二、服务理念

离异单亲家庭的家长、孩子往往更为敏感，为此，我们转变思维方式，尝试从"优势视角"来指导离异单亲家庭的家庭教育。

优势视角与问题视角是两种不同的工作思维模式。优势视角基于对人的主观能动性的理解，认为人不是被动的，而是有自身的潜能和力量，可以依靠自身的资源和优势解决问题。在工作中，我们通过发现、挖掘个体身上的闪光点，培育、鼓励、协助、激发个体内在的优势和力量来解决问题。

三、实践方法

（一）明确工作着力点

1. 着力指导家庭形成科学教育观念

观念的转变向来是最难的，也是首要的工作。在家庭教育指导工作中，明确"不为与可为"：教师不能"越位"，采用强制、约束的手段，比如，不能要求家长为了孩子不能离婚，更不能因为家长离婚而批评、指责家长。教师要在尊重家庭基本结构、家庭原生理念的基础上，通过各种活动向家长传递科学合理的家庭教育观念，在活动中营造和谐的家庭氛围，重建平衡的家庭关系，逐步优化家长的育人观念。

2. 着力指导策略的形成

教师要深入离异单亲家庭内部，动之以情、晓之以理，取得家长、孩子的信任，探究家庭的现状和困境，深入分析他们的真实需求；根据不同需求，从保护他们隐私的角度出发，先一对一沟通，个别指导，待家长乐于参与集体活动时，再通过校内外活动向家长传递实用的家庭教育方法，并在活动中加以强化，促进家长间相互影响和感化，以此提炼出有针对性的指导策略。

3. 着力指导单亲家长成长

充分发挥"家、校、社"三位一体协同育人机制的功能，鼓励家长积极参与学校、社区及相关部门组织的家庭教育指导活动，再辅之以工作室的专家讲座、家长课堂、家长学习工作坊、亲子陪伴读书分享等活动，帮助家长明白良好的亲子关系与和谐的家庭氛围是孩子健康成长的基础，也让孩子明白父母离异并不代表父母离位、失职，以此增强单亲家长的责任感和单亲家庭孩子的自信心。

（二）多方位探索实施途径

在单亲家庭教育指导工作实践中，通过学校积极主导、家庭主动配合、社会有效支持的实施途径，建立健全以家庭为中心的"家、校、社"三位一体协同指导体系。

1. 学校层面

建立由年级主任为组长的离异单亲家庭教育指导小组，开展班级、年级、家长授课；再依托学校学生成长指导中心和班级心理委员会，组织开展单亲家庭教育指导活动，全面掌握并与家长及时沟通学生在校的各种情况，使工作更有实效性。

2. 社会层面

依托社区和相关职能部门建立离异单亲家庭教育指导服务中心，引导人们改变对单亲家庭的刻板印象。同时，开展家长大讲堂、家长学习沙龙，建立相对稳定的社会实践教育指导项目清单，联合开发单亲家庭教育校外指导课程，使工作更有协同性。

3. 工作室层面

依托工作室的引领示范作用，培育更多专业的家庭教育指导师，构建"线上+线下、大课+小课、校内+校外、分段+分类"的"4+"单亲家庭教育指导系列活动体系,包括家庭环境、品德教育、情绪管理、人际交往、家长成长五大主题,做实、做细单亲家庭教育指导服务工作,使工作更有系统性。

(三)基于真实案例,提炼指导方法

初一学生小明近来上课总是走神发呆,不认真完成作业,月考成绩下降,课后沉默不语、精神不振。教师把他请到办公室谈心,得知他的父母离婚了,现在和妈妈一起生活。因为他的抚养权问题父母争执不休,有时深夜会把他吵醒,他根本无心学习,很想离家出走,不想上学了。

处于青春期的小明的家庭就是典型的离异单亲家庭。小明的监护人是小明妈妈,小明妈妈平时忙于工作而忽视了小明,小明缺乏家庭关爱,心里感到孤独,产生"父母都不要我"的想法,从而对学习没有兴趣,对生活没有希望。面对这种状况,工作室团队积极引导家长,指导家长重视孩子的心理健康、思想沟通和健全人格的培养,与孩子共同成长,我们主要采用以下指导方法:

1. 指导家长创设和谐温暖的家庭教育环境

教师通过家访、电话交流、微信交流等方式与家长联系,详细了解了小明的情况。小明妈妈由于工作忙碌,脾气越来越暴躁,经常用打骂的方式教育孩子。我们帮助小明妈妈分析小明的心理状况,认清其主要问题和原因,学习相关案例和资料,使小明妈妈认识到"打骂不是最有效的教育方式",从而引导小明妈妈改善家庭教育环境,用温和的、符合小明心理发展特点的方法进行家庭教育。

2. 指导家长多鼓励陪伴孩子

经了解,在家时小明妈妈跟小明聊得最多的话题就是学习,而这是小明最讨厌的话题,小明极度不耐烦时会跟妈妈吵架。对此,我们建议小明妈妈多抽时间陪孩子到外面走一走、看一看,如去科技馆、图书馆、博物馆、体育馆等;多关心孩子生活方面的问题,多问问小明"你一个人在家,习惯吗?吃得好吗?睡得香吗?"以体现妈妈对孩子的温柔和关爱,不要成为教师在家庭的"延伸",这样的关爱对于小明来说是最需要、最温暖的。

3. 指导家长积极看待孩子,学会与孩子沟通

小明妈妈和大多数传统家长一样,习惯"打压式教育"。其实,小明在学

校爱劳动，也热心帮助同学。我们告诉小明妈妈：要多发现孩子的优点，多与孩子沟通，在沟通中多鼓励孩子，发自内心地赞赏和认可孩子，在沟通时要多倾听，不要急着发表意见去教育孩子。鼓励与沟通对孩子的成长至关重要。

  4. 指导离异夫妻建立共同养育关系

在家庭教育指导过程中，我们给小明爸妈阐述了以下观点及建议：离异结束的只是婚姻关系，而不是父母的养育责任。即使父母离异，但对孩子的爱不应缺失。离异父母之间要建立相互尊重的共同养育关系，其核心就是一起制定孩子的成长规划，在关键时刻做到信息共享，一方要一直作为单亲家庭另一方的支持性补充。小明父母尊重我们的建议并尽力而为，这为小明的健康成长提供了很大助力。

四、结论

通过一年多的指导，小明家长在教育观念、态度、方式等方面都有了较大转变，学会了倾听、沟通、鼓励、关爱和陪伴。小明变得积极阳光起来，能自信地与同学交往，在集体活动中还能起正向的带头作用；违纪行为减少，学习态度端正，学习成绩明显进步，实现了蜕变。

实践证明，采用积极的心理学优势视角指导单亲家庭教育实践，站在整体的角度，以优势的目光看待社会、看待人，从而发掘优势，促进了单亲家庭孩子的健康成长，让家长和孩子相信他们有能力去达到目标，获得成功，过得幸福。

焦虑的家长与消极的孩子
——家庭教育指导案例分析

四川省南充市营山县金华希望小学校　王玉娟　李洁梅　李梅

教育，不仅仅是学校和教师的职责，家庭教育在孩子的成长过程中扮演着至关重要的角色。在人生的旅程中，个人的成长和家庭密不可分。本文将介绍我们团队在家庭教育指导方面的成长故事，以及在这一过程中获得的认知、体会和实践经验。

一、团队初创：从理念到实践

我们团队成立于两年前，由省级名师刘育聪老师牵头，外加一群热心于家庭教育指导的老师和心理教育工作者组成。我们的目标很明确：通过家庭教育指导，帮助家长更好地陪伴孩子成长。

团队成立初期，我们进行了大量的理论学习和实践研究。每位成员都深入学习了家庭教育的相关理论及法律法规，并经过专业的培训和学习，将所学理论知识灵活运用于实际指导中。我们还开展了多次班级家庭教育讲座及学校教育讲座，吸引了不少家长朋友前来参与，也逐步积累了一些宝贵的实践经验。

二、实践初期的挑战与反思

在实际操作中，我们遇到了许多挑战。记得有一次我们接触了一个单亲家庭，父亲因为在外务工，几乎没有时间陪伴孩子。而爷爷奶奶身体有缺陷，无法与其沟通交流，因此孩子表现出明显的行为问题和学习困难，逃课厌学成了家常便饭。我们尝试了多种方法，包括建议父亲回乡务工，增加与孩子的陪伴时间，但效果都不理想，父亲以需要挣钱养家糊口为由拒绝了我们的建议。

经过团队的反思，我们认识到，仅仅依靠家庭的努力是不够的，我们需要一个更加系统和全面的支持方案。于是，我们邀请了社区志愿者，成立了一个"亲子互助小组"，通过集体活动和定期交流，让家长理解、支持，让孩子感受来自他人的温暖与关爱。

三、成功案例：小蔡的成长故事

在众多案例中，小蔡的故事尤为典型。小蔡是一个内向的孩子，母亲对他的期望很高，却又不停地苛责他，认为他成绩不好，"木讷"不善言辞，也不和自己说话，但她自己却因为各种原因很少有时间和孩子交流，这导致小蔡逐渐变得自我封闭，不愿意与同学交往，上课时注意力也不能集中，甚至在考试时也无法静下心来完成答题，成绩因此一直排在班级的下游。

（一）初次接触

我们团队在了解情况后，决定采取行动。第一次家访时，小蔡坐在角落的凳子上，低着头沉默着，有些慌乱，更不敢直视我们。小蔡妈妈则显得很焦虑，不停地解释着自己又要工作还要带两个孩子，非常地忙碌，而且也表现出对小蔡目前状态的极大担忧，甚至觉得小蔡需要去看心理医生。我们先是耐心地倾听小蔡妈妈的诉说，然后经过讨论给出了一些初步建议。

（二）制定个性化方案

根据小蔡的情况，我们制定了一套个性化的家庭教育指导方案。首先，我们帮助小蔡妈妈认识到亲人陪伴和交流的重要性，建议她每天再忙也要抽出半小时与小蔡聊天谈心，也可以一起看书、玩游戏、散步、运动等；我们还建议她多参加社区的亲子活动，以及家庭教育方面的公益讲座，并与其他家长交流学习，做一个懂方法、有策略的智慧妈妈。

（三）实施与调整

在接下来的几个月里，我们定期跟进小蔡和他妈妈的情况。刚开始几天小蔡妈妈做得还不错，可接下来她觉得效果不明显，而且很难每天都抽出时间，无法坚持下去。于是我们通过多次家访和电话指导，帮助小蔡妈妈逐步调整工作和生活节奏，让她明白坚持下去的意义，并建议远在外地的小蔡父亲也参与进来。为了更好地支持小蔡妈妈，我们还和学校共同组织了一些亲子活动，比如周末的手工课、劳动实践课以及户外运动，让母子俩有更多沟通互动的机会；特别是我们布置了"包饺子"家庭作业，小蔡妈妈告诉我们，在包饺子的过程中，孩子明显话多了，脸上的笑容也多了……

（四）见证变化

经过半年的努力，小蔡的变化非常明显。他逐渐变得开朗，愿意和同学交流，尤其是上体育课，他会和同学们一起合作完成体育技能竞赛，一改以往根本不愿意参与的态度。学习的专注力也有所提高，能在规定的时间内完成老师布置的作业。更重要的是，母子关系得到了极大改善，小蔡经常会主动和妈妈聊聊有关学习和生活上的趣事。小蔡妈妈也给我们反馈说，在这个过程中，她也学到了很多关于如何教育、如何与孩子沟通的知识和方法。

在今年的春季运动会上，小蔡获得了短跑比赛的第一名，他妈妈非常激动地对我们说："这是我第一次看到小蔡这么自信，他的笑容让我觉得所有的努力都是值得的。谢谢你们！"

四、团队的成长与反思

在这个过程中，我们的团队也在不断成长。通过大量的实践和反思，我们逐渐形成了一套行之有效的家庭教育指导模式。我们认识到，家庭教育不仅需要理论的支持，更需要坚持不懈地努力和发自内心的爱。我们还认识到，家庭教育指导需要量身定制，因为每个家庭都有其独特的家庭背景和问题。因此，我们应不断调整和优化家庭教育指导方案，以确保每个家庭都能得到最适宜的帮助。

另外我们还总结了一些关键因素。例如，家长的情感支持和理解是孩子健康成长的基础，当家长能真正理解孩子的需求和感受，并给予他们足够的支持和鼓励时，孩子的表现往往会有显著的提升。

五、教育理念的深化与实践

在这个过程中，我们深刻体会到一些教育理念的价值。

首先，教育不仅仅是知识的传授，更是情感的交流和人格的培养。家长不仅要关注孩子的学习成绩，更要关注他们的心理健康和全面发展。

其次，家庭教育需要与学校教育相结合。我们与城区多所学校建立了合作关系，通过定期的家校交流会议，共同探讨如何更好地支持孩子的成长。

最后，家庭教育需要持续的支持和指导。我们通过定期的家长培训和咨询，帮助家长不断提升教育能力，解决他们在教育过程中遇到的困惑和问题。

六、团队的未来展望

未来，我们希望能够进一步扩展我们的服务范围，帮助更多的家庭走出教育误区，找到科学的育儿方法。我们团队的计划是，针对不同年龄段儿童开发一系列线上课程,让更多的家长能够方便地获得专业的家庭教育指导。

我们还希望能够与更多的教育机构和社区合作,形成一个更加全面和系统的家庭教育支持网络。通过这些努力,我们相信可以帮助更多的家庭,促进孩子的健康成长和全面发展。

家庭教育是一项复杂而又至关重要的工作,需要家长和教育工作者的共同努力。在这个过程中,我们不仅帮助了许多家庭,也收获了宝贵的家庭教育指导经验和认知。"赠人玫瑰,手留余香",看着一个个因我们的努力和坚持而改变的家庭,我们是快乐的,幸福的。通过不断的实践和反思,我们将继续前行,为更多的家庭提供支持和帮助,共同创造更加美好的未来!

喜德县乡村小学家庭教育面临的问题及对策

四川省凉山彝族自治州喜德县桃源中心小学校　赵红霞　宋梦
四川省凉山彝族自治州喜德县民族小学　梁雨

蔡元培先生曾在《中国人的修养》里写道："家庭者，人生最初之学校也。一生之品性，所谓百变不离其宗者，大抵胚胎于家庭中。"这说明原生家庭对于人的影响大多是深入骨髓的，家风看似无形，却无时无刻不在影响着每个孩子。家庭的环境、父母的一言一行，都会在潜移默化中决定孩子的未来。所以说，如果一个家庭能将好的品性修养和生活习惯甚至一门技艺传承给下一代，对下一代人生的影响将是极其深远的。

一、乡村小学家庭教育面临的问题（以喜德县为例）

喜德县隶属四川省凉山彝族自治州，位于四川盆地西南部山区，且川西地区山脉起伏，海拔较高，受当地经济发展条件的限制，该地区的人们普遍选择外出打工，家里的孩子只能留给爷爷奶奶照管，而爷爷奶奶基本上都是文盲，根本无法辅导孩子的学习，甚至连孩子的生活习惯和卫生习惯都培养不好，更不会参与家校共育。

因此，这些家长的家庭教育意识比较淡薄，基本上把孩子的教育推给了学校和老师，认为孩子的教育就是学校的责任，家长只要满足孩子的生活需要就行了，对待孩子态度就是放养状态，即使在手机、电脑等信息载体都比较普遍的今天，也没有正确引导孩子利用信息技术辅助学习和拓展知识面，而是放任孩子利用这些工具玩游戏、刷视频，这对于还没有树立正确三观的孩子来说，极容易养成不正确的价值观或沉溺游戏无法自拔。

二、乡村小学家庭教育指导的对策

笔者根据自身多年的班主任教学经验和家访经历，总结了适合于喜德县乡村小学家庭教育的"八大原则"：

（1）归属原则——为孩子创造健康的家庭环境。一个温馨有爱的家庭会使孩子的心理充满阳光。一个家庭如果父母之间有矛盾并且经常争吵或者父母长期分离，这样的家庭环境会让孩子缺少归属感与安全感。假如家庭真的出现重大变化，作为父母要用正面的、健康的方式来安慰和疏导孩子，而不可采取疏于管教、听之任之、溺爱或过分严厉等方式来对待孩子，更不能因家庭的破裂而迁怒于子女，把情绪发泄在子女身上。

（2）希望原则——让孩子在父母的关爱中时刻看到希望。父母对孩子寄予了希望，而孩子也对父母寄予了希望。孩子的每一步成长都希望得到来自父母的支持和肯定，父母应该给予孩子前进的动力，让孩子感受到父母因他的进步而骄傲和自豪。"你真棒！""你是妈妈的超人！""太好了，你居然完成了！"……这样的语言加上肯定的面部表情或者肢体动作，一定会让孩子的心里充满欢喜和自豪，让孩子浑身充满力量。

（3）力量原则——永远不和孩子较量。孩子会一天天长大，他的能力或许会超越父母，作为父母绝不能跟孩子较量。面对叛逆期的孩子，正面冲突往往会导致悲剧发生，这时父母要正面引导孩子，让孩子树立正确的三观。当父母出错时，也应及时纠正，为孩子树立榜样。

（4）榜样原则。俗话说，父母是原版，孩子是复印版，当原版出错时，复印版也会出错。一位优秀的孩子背后一定会站着优秀的家长。做父母的严于律己，孩子也会耳濡目染严格规范自己。"言传身教"比"空口白话"所起的作用更大。

（5）倾听原则。孩子逐渐长大，他们的自我意识也逐渐增强，作为父母一定要扮演好倾听者的角色，给孩子说话的权利，给他们表达自我心声的机会。与孩子成为朋友比与孩子成为"上下级"更为有益。

（6）规矩原则。"没有规矩不成方圆"。父母要让孩子从小懂得守规矩、遵守规则，长大了才能知法、懂法、守法，才能立足于社会。

（7）后果原则。每个人都要为自己的言行举止负责。父母要培养孩子的责任心和担当意识，胜不骄败不馁，敢于承担后果和责任。

（8）奖罚原则。教育孩子要有奖有罚。孩子进步了要奖励，以激发他更加努力；孩子犯错了要惩罚，以警戒他的行为。但单纯的惩罚，尤其是体罚是非常负面和拙劣的惩罚方式。当一个孩子从小被暴力包围，长大后可能会有暴力倾向。因此，笔者认为，惩罚的前提是要让孩子真正认识到错误，知道错了并甘愿受处罚，以防下次再犯。惩罚的方式也要合理，要维护孩子的自尊心，让他知错能改，保证以后不会再犯。

三、结论

家庭教育是一个长期的，需要家长、学校、社会等各方面相互配合，且家长必须全过程参与的过程。智慧的父母，会把今天的孩子看作明天的成人，换句话说，就是会爱孩子。契诃夫说过："孩子应该生活在适合于他们身份的环境。不能听凭自己的情绪玩弄孩子，时而温存地亲吻，时而粗暴地打骂。专横的爱，还不如没有爱。"做情绪稳定的父母，把孩子培养成一个情绪稳定、心理健康、温暖有爱的人，才是成功的教育。

十年树木，百年树人。作为教育工作者，我们要加强宣传，做好思想引导，让每个家庭都重视家庭教育。

每个孩子都有自己的花期，让我们一起努力，静待花开。

爱与成长的旅程

四川省南充市仪陇县宏德小学校　许惠　刘畅

在孩子的成长过程中，教育不仅是学校的职责，家庭也扮演着重要的角色。良好的家庭教育润物细无声，滋养着孩子的心灵。笔者作为一名家庭教育指导工作者，见证了无数家庭在教育之路上的曲折和成功，也在不断探索中收获了感悟，获得了成长。

一、初入家庭教育指导领域

我在刚进入家庭教育指导领域时，虽然怀着满腔热情，又熟练掌握理论知识，但当真正面对实际工作时却感到有些手足无措。那是一个普通的周末，我迎来了第一组寻求帮助的家庭——张女士一家。张女士一脸疲惫地坐在我面前，她的丈夫刘先生则眉头紧锁，他们的孩子小刚在一旁沉默不语，眼神中透露出一丝倔强和迷茫。张女士急切地说道："老师，小刚最近成绩下滑得厉害，还总是和我们顶嘴，我们真不知道该怎么办了。"我试图运用所学的理论知识，从沟通方式、学习环境等方面给出建议。然而，当我看着张女士和刘先生迷茫的眼神，我意识到理论阐述远远不够，他们需要更具体、更切实可行的方法。这次的经历让我明白，家庭教育指导不能仅仅停留在理论层面，而应该根据每个家庭的实际情况，提供有针对性和可操作性的解决方案。

二、深入了解家庭情况

经过反思，我决定在之后的指导工作中要深入了解每个家庭的具体情况。有一次，我接待了一对为孩子沉迷手机游戏而烦恼的夫妻——李先生和赵女士。在与他们的交流中，我没有急于给出建议，而是耐心地倾听他们讲述家庭的日常、孩子的成长经历以及他们与孩子之间的互动细节。通过了解，我发现李先生和赵女士平时工作繁忙，与孩子相处的时间较少，当发现孩子沉迷游戏时，他们采取的是简单粗暴的禁止方式，这反而引起了孩子强烈的对抗。我向他们提出，首先要增加陪伴孩子的时间，共同参与一些有益的活动，如户外运动、阅读等，逐步转移孩子对手机游戏的注意力；同时，与孩子制定合理的手机使用规则,通过奖励和惩罚机制来引导孩子自律。这次的指导让我深刻体会到了解家庭背景和亲子关系的重要性,只有找准问题的根源,才能开出有效的"教育药方"。

三、面对棘手挑战

我在家庭教育指导工作实践中并非一帆风顺。有一个家庭案例至今让我印象深刻,那是小强一家。小强是一个性格内向、自卑的孩子,他的父母对他的期望很高,但教育方式却十分严厉,经常批评指责他。当我介入这个家庭时,小强的父母对我的建议表现出了强烈的抵触情绪,他们认为严格要求是为了孩子好,不理解为什么要改变。面对这样的情况,我感到前所未有的压力,但我也明白,不能轻易放弃。

我多次与小强的父母进行深入沟通,通过分享一些类似家庭成功转变的案例,以及讲解儿童心理学的相关知识,让他们逐渐认识到过度严厉和苛责对孩子心理健康的负面影响;同时,我为他们设计了一些亲子互动的活动,帮助他们重建与孩子之间的信任和亲密关系。

经过一段时间的努力,小强的父母开始尝试改变自己的教育方式,小强也逐渐变得开朗自信起来。这个过程让我明白,家庭教育指导需要极大的耐心和坚持,有时候改变不是一蹴而就的,但只要不放弃,就会看到希望的曙光。

四、团队的力量

随着工作的深入,我发现仅靠个人的力量是有限的。于是,我与几位志同道合的同事组成了一个家庭教育指导团队。我们相互学习、交流经验,共同为解决家庭问题出谋划策。

有一次,我们遇到了一个复杂的案例。在一个多子女家庭中,大女儿因觉得父母偏爱弟弟妹妹而产生了严重的逆反心理,学习成绩下降,与家人关系紧张。于是我们团队成员分工协作,有的负责与孩子沟通,了解她的内心想法;有的负责与家长交流,指导他们如何平衡对每个孩子的关爱;还有的成员负责为孩子制定个性化的学习计划和心理辅导方案。在团队的共同努力下,这个家庭逐渐恢复了和谐,大女儿也重新找回了自信和学习的动力。这次经历让我深刻体会到团队的力量,每个人的专业知识和经验相互补充,能够为家庭提供更全面、更有效的指导。

五、家长的成长与转变

在众多接受指导的家庭中,有一位家长的变化让我深感欣慰。孙先生是一位事业有成的企业家,但在孩子的教育问题上却一直不得其法。他总是用对待下属的方式对待孩子,要求孩子绝对服从,导致亲子关系十分紧张。经过我们的指导,孙先生开始反思自己的教育方式,并积极参加各种亲子教育讲座和培训。他逐渐学会了尊重孩子的想法和感受,与孩子建立了平等的沟通渠道。有一天,孙先生激动地给我打电话说:"老师,我和孩子现在能像朋友一样交流了,他也愿意和我分享他的喜怒哀乐,这都是您的功劳啊!"听到孙先生的这番话,我感到无比的自豪和满足。这一刻,我真切地感受到了家庭教育指导工作的价值和意义,它不仅改变了孩子的成长环境,也让家长在教育的过程中得到了成长和提升。

六、自我的成长与反思

在这段充满挑战与收获的旅程中,我自己也在不断成长。每一次与家庭的交流、每一次问题的解决,都让我对家庭教育的理念和方法有了更深刻的理解。我明白了教育不是一种生硬的灌输,而是一场温暖的陪伴和引导;不是简单的要求和命令,而是以身作则的示范和启发;同时,我也学会了更好地倾听和理解家长们的焦虑与困惑,用更包容和积极的心态去面对工作中的困难和挫折。

回顾自己在家庭教育指导领域的经历,我深感责任重大。每个家庭都是一个独特的世界,而我们作为指导者,就像是点亮这个世界的烛光,虽然微弱,却能给他们带来希望和方向。我将继续在这条道路上坚定地走下去,不断学习和探索,为更多的家庭带去温暖和力量,让爱与智慧在每一个家庭中绽放光芒。

未来,我相信会有更多的家庭受益于科学的家庭教育指导,孩子们将在充满爱与尊重的环境中茁壮成长,成为社会的栋梁之材。而我,也将与无数的家庭教育工作者一起,为了这个美好的愿景不懈努力,书写更多关于爱与成长的故事。

我与学生的约定

四川省南充市营山县金华希望小学校 颜鹏程

去年秋季我接手六年级4班的数学课程。开学不久,在一次课堂上,有学生向我报告说有位同学不完成作业,还把别人的作业本藏起来。

被举报的这位同学正是坐在讲桌旁边的女孩——彤彤。我知道这个位置一般是专门给需要重点关注的孩子坐的,这时,周围几个同学也开始历数她的各种"罪状",见此情景,我对彤彤说,让她下课到我办公室来谈一谈。接下来我在课堂上对她仔细观察,发现她一刻也不安分,一会儿转身向背后的同学投去鄙视的目光,一会儿又偷偷玩耍自制的玩具……课后,我从班主任那里了解到,彤彤在小学四年级之前成绩还不错,到了五六年级就大变样了,成了班上同学们瞧不起的"熊孩子",她也以同样方式对抗其他同学,以显示自己的存在感,导致同学关系紧张,学习上也一塌糊涂……

于是,我安排时间和她交流,彤彤告诉我,她是单亲家庭的孩子,跟着妈妈一起生活,妈妈和继父又生了一个小弟弟,继父在外省务工,妈妈在家带一岁多的弟弟,妈妈在学习上也帮不上什么忙,只关心她每次考试的成绩,妈妈的重点工作是带好弟弟,自己好像是多余的……听了彤彤的话,我明白了,这是一个缺少关爱的孩子,家庭环境又特殊,家庭教育也跟不上,所以她有些自暴自弃,没有学习的动力。这种情况需要从家庭和孩子两个方面来入手教育。

我来到彤彤家进行家访,和彤彤妈妈进行沟通,我对彤彤妈妈说,彤彤的内心非常敏感和脆弱,要多关注她的内心需求,对孩子要多鼓励、少批评,为孩子树立自信心。接着我又做彤彤的思想工作,我对彤彤说,要想赢得同学的好感和尊重,就先从学习上下功夫,好好学习,提升自己。"谈何容易"她疑惑地看着我,我答应帮助她,我与她约定,每天必须来问老师一个数学问题,我单独给她讲题……彤彤很守约,每天都来我办公室问一个数学问题,我也不断开导和鼓励她。在一次课堂上,我让她和另外两名同学到讲台的黑板上来做课前预习作业,她居然做对了,同学们将惊奇的目光投向她,她第一次体验到成功带来的喜悦和成就感。接下来我又在另一次课堂上让她在黑板上做课堂练习,她又做对了。就这样,她在黑板上做作业做对的次数多了,同学们对她的看法也发生了改变，越来越认可她，有时还用掌声鼓励她。慢慢地，她学习上的进步让她赢得了同学们的尊重，她也越来越自信，越来越开朗了。目前，彤彤已进入初中学习，学习习惯和成绩都得到老师、同学们的认可。

　　经过这件事情使我明白,老师要善于捕捉学生的闪光点,及时加以鼓励。学生很看重老师的表扬和鼓励，这对他们是莫大的支持和激励，能增强他们的自信和力量。当然，"金无足赤，人无完人"，作为老师，要正视学生能力上的差异，对于"熊孩子"要从关爱的心态出发，对他们要晓之以理、动之以情，用人格力量去感化他们，给学生成长的时间，心怀期待，静等花开。

感恩有您

四川省凉山彝族自治州喜德县桃源中心小学校 宋梦

尊敬的宋老师：

您好！我是您的学生阿育。记得您说过"追光的人一定会被光温暖"，而您就是我的光。宋老师，感谢您对我的关心和爱护，您就是我的家长，如果没有您，我就不会考上这么好的中学。宋老师，感谢您不断对我父母的劝导，如果没有您，我现在或许在外打工，或许已经嫁人，身为人母了。

记忆中您第一次走进我们教室，那天，清晨的阳光透过树叶照射进教室，您身穿白色T恤和蓝色牛仔裤，手拿一张白纸走进了教室，像一个阳光、帅气的大男孩儿。调皮的我们当时正在教室里你追我赶，叽叽喳喳闹个不停。只听您清了清嗓子，轻声说："孩子们，上课了！"我们赶紧回到座位上坐好。有几个学生找不到座位，一直在东张西望、来回走动。本来以为您会发火，没有想到您只是环顾一周，便给我们重新安排了座位。等同学们都坐好了，您在黑板上写下"家庭教育"四个大字。

"家庭教育"一个我从来没有听说过的词语。"家庭教育是什么？什么是家庭教育？""家庭教育要学些什么？""家庭教育要怎么学？"……同学们叽叽喳喳地问您。

"家庭教育，简单来说就是父母对孩子的教育。家庭是你们的第一课堂，父母是你们的第一任老师。父母良好的家庭教育能塑造你们优秀的品德，比如诚实、善良、有责任感等，这些美好的品德将会伴随你们一生。再比如，在学习习惯方面，父母可以为你们营造安静、整洁的学习空间，制定规律的学习时间，这有利于你们集中注意力，提高学习效率。在你们成长的过程中，父母会关注你们的情绪变化，与你们沟通、交流。让你们感受到父母满满的爱……"

"那父母都不在我们身边，他们怎么教我们呢？"我鼓起勇气大声地说。您愣了一下。只见班上几个女生小声地哭了起来。

"没事，我不仅是你们的老师，也是你们的家长，以后我陪伴你们成长！""不哭了，来，我抱抱！"刚开始大家都很不好意思，可看到您主动地拥抱我，拍着我的后背时，好多孩子都边擦眼泪边上前要和您拥抱。

宋老师，谢谢您！是您让我们了解了"家庭教育"，感受了父亲般的温暖。

"有人吗？……有人吗？……"听着咚咚的敲门声，我的阿妈穿好衣服去开了门。"宋老师，您来了，快请进！"阿爸也起身让您进了家门。"阿育都两天没有来学校了，我来看看，是出了什么事吗？"您温柔的声音传入了我的耳朵里。我偷偷从门帘后面看着满身尘土的您，鞋子和裤脚湿漉漉的。

阿爸咳嗽了两声，半晌不说话。"有什么事你们得说啊，阿育呢？……阿育！阿育！……""宋老师，您不要喊了，阿育不读书了。"阿爸回答。"不读书？不读书做什么？"您急切地问。"他和我哥哥家的娃娃定亲了，再隔几年就嫁过去。娃娃也大了，今年刚好跟我出去打工，挣点钱回来。""胡打乱说！"没等阿爸说完，您就大声打断了他。"你们怎么忍心，她是你们的娃娃，这么小不读书就出去打工，哪个敢用童工，那是犯法的，知道不！打工，一辈子都打工，那老了怎么办？"您脸都红了。"不用你管，这是我们的家事，请你回去！"阿爸下了逐客令。我躲在门帘后面想要跑出来，阿爸咳了两声，我吓得不敢出来。就这样看着您消失在夜色中。我以为您不会再回来了，我的读书生涯就此结束了，我的命运由阿爸掌控了。

没有想到，第二天天快黑的时候，您又来了。

"阿育爸爸，您先看看，这是2022年1月1日出台的《中华人民共和国家庭教育促进法》，您作为阿育的监护人，有义务供她上学，培养她各方面的能力，要帮助她树立正确的人生观……如果违反了相关法律法规，情节轻的会罚款，构成犯罪的，依法追究刑事责任。"……阿爸疑惑了："这也犯法？……我也有责任？"您耐心地给阿爸讲解。

夜越来越深，火塘里的篝火闪着亮光。阿爸阿妈终于同意我上学了，我的心里又燃起了希望。一次次家访，一次次知识的普及，阿爸不再外出赌博了，阿爸阿妈对我们姐弟五个也越来越关心，家里经常充满了欢声笑语。

您说，因为我们这里经济落后，老一辈的观念陈旧、缺少文化，限制了我们前进的步伐。所以我们必须努力学习，完善自我，提升自我，长大为人民服务。

宋老师，谢谢您不曾放弃我们，您是我们的好老师！您不仅辛苦教导我们，还让我们的父母参与我们的学习、生活，使我们感受到来自家庭的温暖与支持，这是以前从来没有过的。宋老师，谢谢您！

宋老师，因为您用心爱我们，用爱温暖我们，让我们拥有了独特的爱！您不仅通过课堂教学向我们传授知识和技能，还关注我们的家庭环境，关心我们的身心健康，重视我们的"三观"教育和个人发展，不断给予我们鼓励、支持和帮助。宋老师，谢谢您！

大山的深处,您努力、辛苦地付出,让我们有了走出大山的梦想。大山的深处,因为有了您的关爱,留守的我们不再觉得孤独寂寞。大山的深处,因为有了您的陪伴,长大后的我们有了成为您的理想!

宋老师,谢谢您!待我学成归来,与您并肩前行!愿您身体健康,心想事成!

永远爱您的学生:阿育
2024 年 8 月 14 日

那幸福值得期待
——一个"问题"孩子的蜕变

四川省阿坝州教科所　贺华蓉
四川省马尔康市第三小学校　李曦

一个班级里的"调皮大王",全校闻名的"问题学生",他的行为举止、学习成绩、人际关系,无一不令人担忧。然而,正是这样一个孩子,却在我的教育引导下,经历了一场深刻的蜕变。

一、故事背景

木参,一个14岁的藏族男孩,就读于四川省阿坝藏族羌族自治州马尔康市第三小学校。他来自一个牧民家庭,父母均未接受过文化教育,母亲身体不好,父亲常年在外打工。木参跟着表姐在城郊租房生活,平时缺乏父母的关爱和管教,所以他养成了唯我独尊、强势利己的性格,与同学关系紧张,学习成绩也较差。

二、蜕变过程

(一)情感触动,孝心唤醒

一次,木参因打扫卫生与同学发生口角,双方家长被请到学校。在母亲含泪恳求谅解的那一刻,他首次流露出内心的愧疚和自责。我以此为契机,与他进行了深入的谈心,引导他理解母亲的辛苦和期望。这次谈话,成为他蜕变的起点。

(二)运动赛场,彰显精神

学校秋季运动会,木参在赛场上展现出了非凡的体育才能和坚强的意志。在800米赛跑中,他凭借顽强的拼搏精神,赢得了比赛,也赢得了同学们的尊敬和赞赏。利用这次胜利的契机,我进一步引导他,不仅增强了他的自信心,也让他意识到自己的潜力和价值。

（三）鼓励引导，重塑自我

在后续的日子里，我不断给予木参鼓励和引导，让他担任班级体育委员，锻炼他的组织管理能力。在我的关心和支持下，他逐渐变得安分守己、有礼貌、有责任心。他的变化让我深感欣慰。

三、总结与思考

（一）德育为先，孝心为基

品德教育对学生的成长至关重要。木参的蜕变离不开母爱对他的感召。正是这份对母亲的爱，让他开始反思自己的行为，并逐渐走向正轨。

（二）尊重个体，因材施教

每个学生都是独一无二的个体，需要因材施教。我尊重木参的思想、需要和人格，给予他充分的肯定和鼓励，让他在实现自我价值的过程中，逐渐成长为更好的自己。

（三）磨炼意志，挖掘潜能

通过运动会等集体活动，我挖掘并发展了木参的体育特长，让他在比赛中展现自我，实现价值；同时，他的拼搏精神和坚强意志力也感染了其他同学，成为大家学习的榜样。

（四）家校联动，共筑成长

家校合作是教育成功的重要保障。我积极与家长沟通，共同为木参创造了一个和谐、幸福的成长环境。在家长的配合下，今后他的成长之路将更加顺畅。

总之，每一位学生都是有思想、有情感、不断发展的个体。只要我们用心去关爱、去引导，他们都能绽放出属于自己的光芒。木参的蜕变故事，让我深刻体会到教育的力量和幸福。我相信，只要我们播撒爱的种子，倾心地呵护、浇灌、培育，那一朵朵鲜活、透亮的心灵之花一定会绽放得更加耀眼！

家长的认可，让我的教育更从容

四川省凉山州金阳县城关小学　赵光瑛　马琼

二十多年的教育生涯，教过的学生如星海闪耀，相处过的家长更是不计其数。吉子，是众多家长中最让人难忘的。是因为他直率的个性？还是他对老师态度的大转变，对学校教育工作的认可和支持？我想是后者。为什么这样说呢？

故事还得从 2017 年说起。

一、故事背景

我们学校的全称是金阳县城关小学。我们学校是金阳县的重点学校，是一个有着近百年办学历史的小学，金阳县所有学生家长对我们学校都很认可，甚至有的家长因为自己的孩子没有机会进入城关小学读书而感到非常遗憾。我们学校招收学校附近村子里的孩子，吉子的儿子文彬就是这样进入我们学校的。

吉子是我们县比较有名的年轻人，外出打工多年，挣了不少钱，听说在福建省福州市附近还办了一个工厂。家里经济实力雄厚，眼光自然就高，本来是想把孩子带到福建去读书，但孩子从小跟着爷爷奶奶长大，爷爷奶奶舍不得他带走孙子，所以吉子只好把孩子送到我们学校来读书。

二、家长的认可和肯定

开学第一天，吉子带着儿子来报到后，顺便逛了我们的校园，看着学校朴素的校园环境和陈旧的教学设施，吉子不乐意了，大声说道："真是个破学校呢！我们本来是要让孩子去福州读小学的……"尽管吉子不乐意，但由于家里的原因，他还是让儿子留在了我们学校读书。

而我刚好是吉子的儿子文彬所在班的语文老师兼班主任。工作二十年来我一直教的是高年级学生，这次是第一次教一年级孩子，为此我非常认真和努力，在我的信念里，一个孩子就是一个家庭，我们不能辜负了家长。

要想教好学，首先要爱学生，只有真心爱护学生，才能征服学生，老师

的教育才有可能成功。

我每天给孩子们讲故事，利用每天语文课最后十几分钟给学生们讲一段小故事；我还经常在课间或体育课上陪学生们一起玩、一起做游戏，因此我们班的学生都很喜欢我，喜欢我自然就会好好上课。那年第一个学期，我们班在全县抽考中考了全县第一名；第二个学期，期末考试时我们班还是第一名。而文彬同学也特别乖巧、懂事，他会跳舞，是个帅气的小男生，成绩优秀，多次考取我们班级第一名。

第一学期期中考试后，学校要召开家长会，我听说文彬的爸爸吉子回到金阳县了，于是我邀请吉子作为家长代表在家长会上发言，他答应了。

家长会开始了，当我邀请文彬家长吉子上台发言时，他大大方方走上讲台，刚站定就向大家鞠躬问好。在他起身的瞬间，我看到他眼角红了。

他说："我没有文化，也识不了几个字，虽然外出打工挣了几个钱，但我知道读书的重要性。我是个大老粗，我怕我说不好，不知道该说啥。开始我们家没有想把孩子留在这个学校，心里总是瞧不上这个学校。"

他哭了，边哭边说："我儿子在这里读书后，儿子经常跟我说他的老师怎样怎样好，还天天给他们讲故事。他很喜欢他的语文老师。"

他接着说："老师对我的儿子很好，我不知道该怎么说，我谢谢老师，我向老师三鞠躬，表示感谢吧。"他一边抹眼泪，一边哽咽着说完，然后直接三鞠躬。

我直接愣住了，赶紧试图去扶起他，可终究还是没拦住。

还有什么比这更让人欣慰的呢？还有什么比这更让人激动的呢？这才是对一个老师最高的褒奖。他把所有的信任都给了我啊！曾经最怀疑的人给了我最真诚的肯定和认可。

吉子用最朴素的方式向老师表达了感谢。他的眼泪，他的神情，他的恭敬，都深深地刻在了我的脑海里。

当老师幸福吗，这就是最好的答案。没有什么比此刻更让人幸福的了。

我一直带着这个班，直到毕业。文彬也一直在这个班就读，一直那么优秀。文彬现在已经读初中了，每次回到金阳县就会来看我，说是非常想念老师。

教育工作是我的追求，也是我的信念。有了家长的支持，我的教育工作变得自信又从容。

三、总结与反思

文中的我，由于从未教过一年级孩子，刚开始带这个班时很惶恐，但基于我对教育工作的热爱，我竭尽全力地去做好教学工作。只要教师真心付出，孩子就能学到知识，能感受到老师的爱，面对这样的老师，家长怎么会挑剔呢。家长态度的转变，也是对教师教学工作最有力的支持，这样的良性循环对于孩子的成长是非常有利的。孩子的成长，离不开学校、社会、家庭三者和谐完美的合作。

　　因此，面对学生家长轻视、非议甚至诋毁学校教育时，我们做老师的不必急于去争辩、去反驳，只要用爱去温暖学生，用心去培育学生，假以时日，家长最终会转变观念，接受老师，尊重老师。

第四章

如何助力家长更好地开展家庭教育

依据《中华人民共和国家庭教育促进法》,指导家长依法履行家庭教育责任。家庭是孩子成长的第一课堂,家长是孩子的第一任老师,必须让家长充分认识到家庭教育在孩子成长过程中的重要作用,指导家长树立正确的家庭教育观,增强责任意识,掌握科学的家庭教育方法,保障未成年人健康成长,最终促进家庭幸福、社会和谐。

以爱之名，解爱之枷
——对高中学生家庭教育的思考

四川省宜宾市第四中学校　李英

一、两则案例

（一）案例一

小 Y，一个高一女生，因情绪状态不佳请假在家一周。家长对小 Y 不去上学的情况很着急，却又无可奈何。据小 Y 母亲描述：小 Y 之前都是"好好的"，学习上、生活上都很"乖"，没怎么让她和孩子爸爸操过心。但这个学期开学以来，小 Y 突然表现出对学校极度排斥，不喜欢谈及与学校和学习有关的事情，去医院检查，诊断为中度焦虑+重度抑郁。但小 Y 拒绝住院治疗，选择接受心理辅导。

在和小 Y 进行交流的过程中，小 Y 很"配合"：知无不言，言无不尽。她知道父母的担心，但现在的她一到学校就难受，已经无法忍受了：上课完全无法专注，听不明白老师讲课的内容，内心焦躁，排斥同学……小 Y 的父母从小对小 Y 基本上是包办代替，无论大事小事都是父母做主。久而久之，小 Y 认为反正自己又不能做主，那还去思考干什么？第一次和父亲冲突是因为当时小 Y 在家花了一天时间画画，没有完成作业，父亲生气地撕了那幅画，之后父母随时都用小 Y 的爱好作为威胁条件来督促她学习。比如，买一盒画笔需要考进班级多少名；要去看场演唱会需要考到多少名；要去参加某次美术集训需要考到年级多少名……后来小 Y 发现，即使实现了目标，拿到了自己想要的东西，也变得没意思了。小 Y 的父母都是教师，虽然在很多事情上也会询问小 Y 的意见，但其实父母心中早已为小 Y 做好了决定。时间一长，小 Y 感到越来越压抑，压抑情绪积累多了，负面能量就大，导致现在小 Y 彻底爆发，甚至一度认为"活着没有意义"。

（二）案例二

小 S 的父亲在某天凌晨打电话向我求助：小 S 已经接近一天半没有走出

过他的房间了,很担心小 S 的身体情况,不知道该怎么办。小 S 的父母在他小学六年级的时候离异,之后他跟随父亲一起生活,在初一的时候父亲再婚。一直以来,小 S 对于父亲都是不沟通的态度,父子俩一交流总是容易大动肝火。从初二开始,小 S 的父亲就放话说"不再管小 S 了"。而小 S 和继母的关系反而比较融洽,相较于父亲,小 S 更愿意听继母的话。自从放暑假后,小 S 几乎都是在自己房间里玩手机和游戏,不出门也不和同学联系。父亲一提到要没收小 S 的手机,小 S 就以死相威胁。不按时吃饭成了小 S 的习惯。这次是小 S 的父亲实在看不下去了,"怕他饿死了",但小 S 还是拒绝给父亲开门。无奈的父亲只能求助于心理老师。通过班主任的信息核实,得知小 S 个性敏感,偶而情绪暴躁,在学校和同学相处还比较融洽,总体表现比较正常。查询小 S 上一次的心理筛查报告,得知其风险程度为二级关注,自杀风险评估为 6 分,此前已经和家长交流过。

二、理性思考分析

这两则案例在我所接待的高中生来访者中算是比较常见的。孩子自身存在一定的轻生倾向,为此本人做了一项关于高中生生命态度的调查,结果如下:

(1)对高中生生命态度问卷 5 个维度进行描述性统计,如表 1 所示。

表 1　高中生生命态度现状

变量名称	人数(N)	标准差($\pm SD$)	平均数
理想	369	0.62	2.39
生命意义	369	0.42	3.04
爱与关怀	369	0.47	2.78
存在感	369	0.51	2.97
死亡态度	369	0.56	2.63
生命态度	369	0.31	2.76

本研究使用量表采用 Likert 4 点计分,共 25 题,每题均值为 2.5 分,以此作为比较标准可以发现,当下高中生的生命态度整体得分高于平均分,说明高中生在生命态度上较为积极乐观,处于中偏上等程度。5 个维度中得分最低的是理想这一维度,表明高中生在理想层面缺乏一定的认知。

（2）高中生生命态度在性别方面的差异分析，如表2所示。

表2 高中生生命态度在性别方面的差异分析

变量名称	男（$N=163$） （$M\pm SD$）	女（$N=206$） （$M\pm SD$）	F
理想	12.03±3.43	11.91±2.82	0.36
生命意义	18.18±2.69	18.28±2.33	−0.40
爱与关怀	11.08±2.10	11.29±1.70	−1.04
存在感	12.12±2.05	11.69±2.01	2.02*
死亡态度	16.18±3.76	15.44±3.03	2.05*
生命态度	69.59±8.54	68.62±7.21	1.19

注：*表示 $p<0.05$。

由表2可知，性别因素在存在感和死亡态度这两个维度上具有显著差异，男生的存在感和死亡态度得分明显高于女生，说明男生对于自我存在感较之女生有更强烈的认同和接纳，对于死亡持更加开放、正向的接受态度。

（3）高中生生命态度在年级方面的差异分析，如表3所示。

表3 高中生生命态度在年级方面的差异分析

变量名称	高一（$N=128$） （$M\pm SD$）	高二（$N=118$） （$M\pm SD$）	高三（$N=123$） （$M\pm SD$）	F
理想	12.13±3.11	11.14±2.99	12.58±3.04	6.94**
生命意义	18.41±2.57	17.58±2.38	18.67±2.42	6.43*
爱与关怀	11.45±1.96	10.81±1.90	11.32±1.75	3.97*
存在感	11.94±2.16	11.25±2.09	12.43±1.67	10.65***
死亡态度	16.09±3.50	15.4±3.30	15.77±3.34	1.30
生命态度	70.02±8.27	66.19±7.33	70.77±7.08	12.61***

注：*表示 $p<0.05$；**表示 $p<0.01$；***表示 $p<0.001$。

对高中生的理想、生命意义、爱与关怀、存在感进行事后检验，结果表明，高一年级、高三年级和高二年级具有显著性差异，高二年级的理想、生命意义、爱与关怀、存在感得分显著小于高一与高三年级，高一与高三年级彼此差异不显著，但高三年级的理想、生命意义、爱与关怀、存在感得分大

第四章 如何助力家长更好地开展家庭教育

于高一年级。由此可见,对于高中生的家庭教育方面,解锁爱的传递通道,需要注意以下几个方面:

(一)家庭背景和价值观

家庭是孩子成长的第一课堂,父母在家庭教育中扮演着至关重要的角色。案例一中的家庭背景较为简单,父母均为教师,家庭结构比较单纯,非常重视孩子的教育,希望孩子能够成为优秀的人才,实现自己的梦想。在家庭价值观方面,父亲认为诚实、努力和责任感是孩子必须具备的品质。所以,在价值观方面,小Y会觉得人与人之间的关系都是用"价值"来衡量的。

(二)沟通技巧和倾听

有效的沟通是家庭教育成功的关键。本案例中的父母与孩子之间的沟通方式并不可取。父母应注重与孩子的沟通和交流,耐心倾听孩子的想法和感受,理解孩子的需求和期望,并给予积极的反馈和支持;同时,也要注重方式,帮助孩子树立正确的价值观和行为习惯,需要良好的沟通技巧和倾听能力,才能逐步建立与孩子之间的信任和理解,而不是单方面输出。切忌盲目讲道理,会让孩子产生抵触情绪。

(三)重视孩子的自尊

英国作家毛姆曾说过:自尊心是一种美德,是让一个人不断向上发展的原动力。心理学家解释,自尊心是个体价值的体现,也是个体对自我重要性的认知。培养一个孩子的自尊心、重要感、力量感和成就感缺一不可。案例一中的父母重视和强调自己的价值观,并以此强加给孩子,让孩子得不到尊重,最终父母和孩子之间的信任感逐渐消失,孩子的学习积极性和主动性也慢慢淡化,最终变得对任何事情都没了兴趣。心理学家曾说过,在大多数情况下,对儿童的虐待并不仅仅局限于身体上的伤害,还包括对他们精神上的虐待。而精神上的虐待对儿童的伤害远远大于身体上的虐待。

(四)重视孩子的精神需求

有时候孩子的需求只是一个需要引起家长关注的借口。也许是一幅画,也许是一次小小的情绪表达,这只是孩子的一个试探。如果探及安全的领域,或许孩子就能逐渐敞开心扉,建立信任感;反之,则会关闭心扉,逐渐团缩在自己的"壳"里,需要更多、更大的努力才有可能产生反应。所以,家长应适当改变自己的教育方式，不能总是以孩子的成绩来判断孩子能力的高低，这样肯定会遭到孩子的抵触，让孩子产生厌学情绪，甚至彻底放弃学习。

三、解锁之技

作为家长，我们都很期待自己的孩子能像自己希望的那样聪明和优秀。"千里马常有，而伯乐不常有"。孩子在于培养，孩子的优点更在于发现和使用。在家庭教育中，父母只有扮演好伯乐的角色，善于发现孩子身上的优点，才能激发孩子的自信心和潜能，进而健康成长。通过上述两则案例分析，让我对高中孩子的家庭教育有了一些思考，下面给家长们分享一些方法：

（一）首先要和孩子建立良好的亲子沟通关系

要和高中生建立良好的亲子沟通关系，需注意做到以下几点：

1. 选择合适的交流时机

在案例二中，孩子本就因父母离异而受到了伤害。母亲缺位，父亲又采取漠视的态度，结果就造成了如今的现状。如果家长定期与孩子沟通，了解他们在学习和生活上遇到的困难和挑战，并提供支持和建议，就可以让孩子感受到父母的支持和关心，同时也有助于解决他们在学习和生活中遇到的问题。另外，要避免在孩子学习或情绪不稳定的时候强行交流，而应该在轻松、自然的氛围中，如晚餐时间、散步途中开启对话，这样可以让孩子更愿意敞开心扉，分享他们在学校的经历、与朋友相处的快乐以及内心的困惑。

2. 关注孩子的感受

高中的孩子已经有了一定的个性和独立性，但他们面临困扰时还是渴望得到父母的支持和关注。在交流中，要多关心孩子的情绪变化，了解他们的需求与想法。有时候，"被关注"本身就是一种需求的表达。

3. 积极倾听

积极倾听是有效交流的关键，可以提高孩子的参与感。当孩子表达自己的看法和感受时，家长需要专注地倾听，不打断、不评判。当孩子取得进步或达到学习目标时，给予积极的反馈和赞扬，这会增强他们学习的动力和自信心。高中的孩子已经有了较强的自我意识和独立思考能力，他们渴望被当作成年人对待，家长可以以朋友的角色倾听孩子的想法和观点，尊重他们的选择和决定。

（二）注重培养孩子的独立性

要注重培养孩子的独立性，即注重培养以下三方面的能力：

1. 自主决策能力

鼓励孩子在一定范围内自主决策，如挑选衣物、玩具，在一些小事情上让孩子发挥自主性等。这样一方面可以培养和锻炼孩子自主决策的能力，另一方面也可以让孩子感受到父母对自己的尊重，有利于奠定积极沟通的基础。

2. 任务承担能力

可以给孩子分配一些适当的家务或日常任务，培养他们独立承担责任的能力。力所能及的家务劳动是一种专注力和手脑协调能力的锻炼，同时也能帮助孩子提高自身情绪觉察的能力。

3. 独立思考能力

引导孩子独立思考问题，鼓励他们发表自己的观点，培养自主思考的能力。家长可尝试赋予孩子学习自主权，例如由孩子自己选择阅读的书籍、参加学习的课程，让孩子的学习独立性得到充分尊重。

（三）激发孩子的兴趣与热情

1. 观察孩子的兴趣

留意孩子的兴趣爱好，为他们提供相关的书籍、工具或活动机会。切记不要以孩子的兴趣作为要挟和交换条件来达成父母的意愿，这会让孩子感到受了"要挟"，觉得家长对自己的要求都是"功利"的。

2. 丰富体验

可以利用空余时间陪孩子参观博物馆、艺术展览等，让他们接触不同的环境和体验，开阔的视觉和感知可以拓宽孩子的视野，丰富孩子的情感世界。

3. 提倡学习方式的多样性

学习对于孩子来说肯定是很重要的，但应尊重每个孩子的能力差异和学习方法差异，即使在同一个家庭中，不同的孩子也有各自的学习特点和学习方法。一些孩子可能更善于听觉学习，而另一些孩子则更善于视觉学习。家长应了解孩子的不同特点并采取不同的教育方法，让孩子自主地发掘、培养自己的学习方法，找到最适合自己的学习方式。另外，要鼓励孩子尝试新的学习方法，例如通过故事、绘图、视频、网络课程等方式获取新的信息和学习内容。

（四）塑造孩子的价值观与品德

家长在和孩子共处的过程中，应注意潜移默化地帮助孩子塑造正确的价值观：诚实守信、尊重他人、坚韧不拔及责任感。孩子的优秀品质和良好的生命态度是一个逐渐形成的过程，不是一蹴而就的。

家是讲爱的地方，不是讲理的地方，尤其是对于高中的孩子而言。温馨的家庭氛围，良好的沟通环境，舒适的语言交流和沟通，彼此表达，坦诚接纳，深入了解，可以解开父母与孩子之间爱的枷锁，陪伴孩子走过人生中的特殊时期，实现彼此的成长。

第四章 如何助力家长更好地开展家庭教育

浅谈对青春期孩子的家庭教育策略

四川省自贡市第二十八中学校　李世明

孩子到了青春期，身体、生理等各方面都会发生变化，同时他们的大脑也在成长变化。进入青春期的孩子，左脑快速发育，开始形成逻辑思维、哲学思辨能力，思维的发展使他们对父母有了自己的判断，开始以审视、批判性的态度对待父母。他们对父母不再言听计从，有时会顶嘴，这是孩子在该年龄段的正常表现。如果父母的认知跟不上变化，不遵从孩子的身心发展规律，继续把他们当成小孩子，一味地说教，用权威和经验去管控他们，把自己认为正确的想法强行灌输给他们，自然会引起孩子的反感，孩子就会做出不符合父母意愿的"逆反"行为。

一、父母要遵从孩子的身心发展规律，接纳孩子"叛逆"

青春期是自我同一性形成的关键时期，如果父母盲目操心、过度干预、管控，会使孩子的大脑发育和自我形成产生冲突，引起自我同一性混乱，轻则出现亲子矛盾和对抗冲突，重则引起孩子抑郁或出现精神问题。

父母要懂得退位，以协助者的角色帮助孩子形成良好的自我认同，形成自我意识、自我主见、自我认知、自我判断。身体成长、生理变化会分泌一些物质，促使孩子的心理也发生变化。他们要平等、要尊重、要自由、要主权。父母无论说得多么正确，他们听不见，不理睬，因为他们争夺的是主权，不是对错，是输赢。

如果青春期孩子仍然表现得乖巧顺从，那是自制力强，在压抑自己，这不一定是好事，早晚会爆发出问题。现实中笔者接触过几个孩子，成绩都很优秀，考清北的苗子，但在高考前几个月突然就不想读书了，觉得读书无用，连活着都没意思。美国著名心理学家埃里克森指出，青春期孩子心理发展成熟的标志就是"同一性成熟"，即"叛逆成功"。"叛逆成功"是12～18岁的青少年必须完成的任务，否则就是叛逆失败。叛逆失败的孩子会在青春期之后或成人后出现各种与自己、与世界不和谐的问题，所以父母要懂得青春期孩子的身心发展特点，接纳孩子"叛逆"，帮助孩子"叛逆"成功，这样他们在成人后才能主宰自己的人生，让自己的人生过得幸福有意义。

二、归因家庭，管控好情绪

（一）归因家庭

有的青春期孩子特别逆反，家长忍不住，看不惯，于是亲子冲突爆发不断。对于孩子的问题家长要冷静地找原因。据心理学家研究分析，青春期孩子爆发的所有问题，根源大都在12岁之前的原生家庭。

一个人的人格形成有三个关键期：0～3岁，"安全感"形成的关键期；3～6岁，"自信心"形成的关键期；6～12岁，"上进心"形成的关键期。人格决定性格，性格决定命运。美国著名发展心理学家戴安娜·帕帕拉指出，原生家庭有三个重要因素将影响孩子的人格形成及毕生发展：即家长的人格水平、对待孩子的教养模式、家长的夫妻关系。如果家长脾气差、情绪悲观消极，批评、打骂、控制或忽视孩子，夫妻间矛盾重重，委屈、抱怨、冲突，会给孩子的童年造成极大的创伤，这些创伤终将在青春期或成人后爆发出来。所以精神病和心理学大师阿德勒说：幸福的人用童年治愈一生，不幸的人用一生治愈童年。青春期孩子的问题不是他自己导致的，而是原生家庭造成的。孩子很可怜，是受害者。当然父母也不容易，家庭是复制模式，父母的问题就得父母自己找原因了。12岁，人格基本形成；18岁，人格基本定型。庆幸的是，青春期还在人格定型期，孩子的行为还能改变，问题还能治愈，这就看父母怎么改变、怎么做了。

（二）父母管控好自己情绪

情绪是内心感受经由身体表现出来的状态。情绪的真正来源是人内心的信念系统。改变信念系统，就可改变事情带给人的情绪，因此情绪是可以控制的。面对青春期孩子的"逆反"行为，父母往往难以控制情绪，往往直接用简单粗暴的方式管教孩子，越管越糟，父母一气之下情绪失控，有可能出现可怕的后果。那父母怎么管控好自己的情绪呢？父母可以和孩子约定，互相提醒帮助控制情绪。比如约定一个暂停手势，当一方情绪上来时，另一方做约定手势提醒对方："打住，你又要发脾气了"再比如，用开玩笑的口吻自嘲"孩子不是我亲生的（我妈不是我亲妈）。"还可采取以下方式：① 觉察，和自己联结，对自己说，是我们父母的错，孩子好可怜；② 深呼吸30秒；③ 离开，出去转转，外面的花草山水会让自己的心胸放宽；④ 跑步；⑤ 接纳自己，刻意练习等。在沟通过程中，父母说话的方式、态度、表情、语气等情绪表现不仅影响当下的沟通效果，还映射到孩子大脑里，以后他也会以同样的方式与家人和其他人相处。所以父母的情绪不仅影响孩子的现在，更影响孩子的未来生活。

三、父母学习，提升亲子沟通策略

亲子沟通是指有目的地把信息、思想和情感在父母与孩子之间进行表达和交流，理解孩子并被孩子所理解，达成共识和一致的过程。但现实中往往是父母单方面的说教，一味地管束孩子，对青春期的孩子不仅"沟而不通"，还恶化了亲子关系。那么，如何做才能达到更好的沟通效果呢？

（一）先处理好关系，再进行沟通

青春期的一个重要特点是，孩子心里不再认为自己是小孩子，行为上也开始有意模仿成年人，他们要平等、要尊重、要自由、要主权。如果父母仍然把他们当成12岁以前的那个孩子对待，居高临下地说教管控，会引起孩子的反感，孩子关闭自己的心扉不再向父母敞开，父母的话孩子也不听，导致双方难以沟通。

当孩子的意志被否定，并被逼迫顺从大人时，孩子会产生防御机制和恨意，当恨意无处发泄，转向自身时，孩子就容易做出伤害自己的事情或产生心理问题。人性坐标体系有两个维度：纵轴自恋维度和横轴关系维度，父母和孩子在这个交叉维度中，各自维护自己的自恋和全能感，矛盾冲突就不可避免。那怎么处理呢？化解沟通难题的根本就是处理好亲子关系。

亲其师才会信其道。父母要在日常生活中处理好与孩子的关系，让他与父母很亲近，对父母不设防；父母要尊重、信任孩子，要民主、平等地与孩子交流，适当放手，给孩子自由的空间；对于高年级的青春期孩子，尝试像朋友那样相处。只有父母在语言、态度上适当"蹲下去"，孩子才能"站起来"。

当亲子关系和谐了，再尽量选择"无问题区"交流，孩子才能感知到父母的爱，亲子沟通才会有效果。

（二）先处理情绪，再解决问题

青春期的孩子，其大脑负责情绪激活的边缘系统发育还不成熟，会导致情绪体验增强却难以控制，表现出易激怒、难控制的特点。父母不要一看到孩子情绪不好就立马去解决问题，把自己当成问题解决专家。父母要先倾听，多共情，这样孩子的情绪力量可能就会消减一大半，这时再来看问题也不是那么严重了。

1. 倾听

父母做配角，通过倾听来帮助孩子宣泄他们的情绪，表达他们的感受，可以恰当地用简单字句"嗯、哦、这样啊"等回应，或用点头等肢体语言表达你在专心对待他的问题，让孩子觉得被重视，有安全感，有支持力度。

2. 共情

共情又称同理心、同感，是设身处地体会当事人内心世界的能力。每个人都希望被他人理解、接纳、信任，共情是实现这种心理需要的有效途径，能使双方沟通更顺畅、更有效。父母对孩子的问题感同身受，跟着他的感受用自己的话重新表达一遍，会使孩子的情绪得到梳理和缓解，让他感觉到父母的心始终和自己在一起，让他觉得被理解，父母有分担、有支持。父母接纳了孩子的感受，也有助于孩子接纳自己的感受。父母通过倾听、共情，再解决问题，不仅利于问题的解决，更能帮助孩子找到解决问题的方案，有利于孩子自我成长。

（三）善于用"替换定律"

善于用"替换定律"，即用积极的思维看待问题，用积极的语言替换消极的语言。

替换定律：科学家研究发现，人的潜意识在同一时间内只能主导一种感觉，当一种积极正面的思想反复灌输给潜意识，原来的思想就会慢慢退去，新的思想就会占上风。面对孩子的负面情绪，家长要用积极的思维、积极的语言、正向的话来对待，不能用消极的、否定的言辞。看到孩子的不良表现，不要张口就说负面的、否定的话，应该用积极的、正向的语言和孩子交流。

如果孩子第一次和你争夺手机，大吼大闹"你凭什么管我，你是我妈又怎样，我玩手机犯法吗，警察会来抓我吗"，家长你会怎么做，你会怎么说？记得一个家长是这么说的（惊讶的口气）"呵，没想到你的声音这么洪亮，说话这么流畅，你将来可能当演说家哦！"于是孩子不说话了，也不争了，之后再也没有吼叫过。期望孩子怎么发展，家长就怎么说，少用"不"字等否定的语言。比如，用"黑板上写的是什么"代替"不要看我的脸，看黑板"，用"你把控考试时间、填涂答案很有分寸"代替"考试不要慌乱，不要填错了"，家长们可以试试用正向语言替代负面语言后的效果。

（四）少批评，多鼓励和肯定，学会表扬

语言是有能量的，语言产生的心理能量影响着人的认知、情绪和行为，

正向的语言产生正能量。尤其是在3岁之前,父母的语言影响孩子大脑神经元联结的数量,进而影响孩子的智力发展。批评孩子,只是宣泄了家长的情绪,并不能消除孩子的不良行为,而且还给孩子带来负面的情感体验。比如在"笨蛋""没出息""你真是什么都干不好""我怎么生了你这个不争气的东西"等负面语言暗示下成长起来的孩子,可能形成自卑性格,容易有心理阴影。在家庭教育中,父母应多看到孩子的优势,少批评,多表扬。

心理学家的研究证明,表扬孩子要多夸其后天的品质,这样的表扬对孩子的成长才具有积极的价值。比如,用"天赋高、聪明、运气好"这些文字夸赞孩子,会导致孩子产生不愿意付出和输不起的消极心态,而用"努力、认真、勤奋、耐心、意志、爱心、自律"等后天的、成长性思维语言夸赞孩子,才能让孩子产生积极的心理效应。

(五)谈话中,把安排、命令的语气改为建议和商量

青春期的孩子,最典型的抗争就是自己要做自己的主人。父母要有边界感,不能随便对他们的事情作决定和安排,这样他们会认为被剥夺了主权,反而不会同意大人的安排,即便口头答应了,但行动上仍然不会按父母说的去做,甚至反着干。因此,父母要转换角色,做协助者,而不是主导者。

交流时用开放式提问来征求孩子的意见,给出适当建议。比如,孩子成绩下降,父母焦虑,可以在亲子关系融洽的时候问他:"你最近觉得学习怎么样,想过什么提升渠道吗?需不需要补习、买资料之类,爸妈会想办法支持你"。

(六)用"我—信息"方式交流

有些父母习惯为孩子作牺牲和奉献,从来不顾及也不善于表达自己的需求,结果这种"牺牲"自我养育的孩子并不一定如父母所愿懂得感恩,他们反而觉得自己被情感绑架,没有了自我。

父母要有自己的生活,要表达自我的需要。当孩子出现不可接纳的行为时,父母如果习惯用说教、指导、批评、夸奖、安慰、迁就等"你—信息"方式和孩子说话"你怎么样……""你又怎么样……"比如"你就知道玩手机,早晚会被手机害的""你这次又考得这么差,真是白费了我的辛苦"。这样的沟通方式会让孩子觉得伤自尊、觉得不被爱,会抗拒、屏蔽父母,这样问题就得不到解决。美国心理学家托马斯·戈登提出一种新观点,即:父母用满足自身需求的"我—信息"谈话方式来解决问题,孩子就愿意为满足父母的需要而主动采取行动,这样问题就能得到有效解决。比如,家长不接受孩子一回卧室就把门关上,可以这么说:"我看你一回房间就把门关上了,我感到

被你隔离了，我要叫你或要进来拿个东西都很不方便"，孩子就会想到他的行为对家长的影响，从而做出改变。一条完整的以"我—信息"方式的谈话包括对不可接纳行为的描述、父母此时的感受、这个行为对父母产生的影响，即"行为+感受+影响"。

四、帮助孩子身脑运动起来

父母一定要聚集一切能量和智慧让孩子的身体和大脑运动起来。

身体运动，可以从散步或几分钟的慢跑开始。运动可以使大脑分泌多巴胺、内啡肽等让人愉悦的神经递质，激发积极的情绪，有助于提升幸福感。

大脑运动就是让孩子养成广泛阅读课外书籍的习惯。书是促进孩子进步、改变自我的精神源泉，所以要尽量培养孩子养成阅读的好习惯。

五、结论

家庭教育，绝不仅仅是发现、消除、解决孩子身上的缺点和问题，更重要的是关注、发掘、培养孩子积极向上的优良品质。尤其是对于青春期的孩子，帮助其"自我统一性"的正常形成，快快乐乐地做自己，才能在成年后元气满满地进入社会。

家庭教养模式是代代相传的，这代家长学习家庭教育，超越了原生家庭，下一代的家庭才会更加和谐幸福。父母成长是解决一切问题的根本。对青春期孩子的教育难题，解决的策略就是家长学习如何科学地做父母。

"预见"方能"遇见"
——高中家长如何做好孩子的生涯教育

四川省兴文第二中学校 杨璇

《国家中长期教育改革和发展规划纲要（2010—2020年）》中提出"尊重教育规律和学生身心发展规律，为每个学生提供适合的教育。"究竟什么才是适合学生的教育？该怎样为学生提供适合的教育？

家庭教育是教育的开端，关乎未成年人的健康成长和家庭的幸福安宁，也关乎国家发展、民族进步、社会稳定。《中华人民共和国家庭教育促进法》自2022年1月1日起施行。这是我国首次就家庭教育进行专门立法，为促进未成年人健康成长和全面发展提供了法律保障。

为了适应未来发展的需要，也为了适应新的高考制度，广大中小学校担负起了新的工作任务和责任使命，深入探索和实践了生涯教育，在教学中不断摸索更加适合学生的教育模式，生涯发展教育不再是"可有可无、可做可不做"的事情，而是成为教育环节中必不可少的重要课程。

那么，作为县级中学学生家长，能为孩子的生涯规划做些什么呢？

一、县级中学学生家长面临的生涯教育现状

在孩子的教育过程中，生涯规划是一个重要的话题。经济发达地区的部分家长会主动为孩子制定详细的生涯规划清单。对此家长们有不同的看法，有人认为这种做法可能压缩了孩子自由探索的空间，有"揠苗助长"的风险；也有人觉得合理的规划能帮助孩子明确方向，少走弯路。其实，无论哪种观点，关键在于家长要深入理解生涯规划的目的与逻辑，秉持与时俱进的教育理念，以恰当的方式引导孩子成长。而县级中学的学生家长虽然在教育资源的获取上相对受限，但家长的类型是多元的。除了部分资源相对匮乏的家长外，还有不同类型的家长。比如"引导型"家长，他们对孩子有着较高期望，也积极参与孩子的成长，但并非高度干预，而是在尊重孩子意愿的基础上给予引导和支持，鼓励孩子自主探索兴趣和未来的发展方向；"保护型"家长对孩子的要求较高，对孩子的选择参与度高，但可能未真正从孩子的需求角度出发；"无奈型"家长确实存在对孩子低要求、低回应的情况，他们因工作繁

忙、教育能力不足等原因，缺少对孩子的陪伴，被动参与甚至放弃对孩子的教育，常将"管不了"挂在嘴边，对家庭教育责任的重要性认识不足，一味依赖学校教育，这类家长虽然也希望孩子学业有成，但由于自身认知局限，难以给孩子提供切实有效的指导和支持，在孩子的学习和未来规划上，往往持"孩子能读成什么样就什么样"的被动态度。

为了响应国家由"应试教育"向"素质教育"转变的要求，四川省也在积极推进普通高中教育质量综合评价改革，试图以此改变单纯以升学率作为教育质量评价标准的倾向，但评价机制的改变并未影响县级中学家长们以孩子学业成绩作为首要评判标准的认知。

二、县级中学家长学习生涯教育的必要性

"生涯"本身具有丰富的内涵和范围。正如金树人先生所著的《生涯咨询与辅导》中所说：生涯具有方向性，即它是生活里各种事态的连续演进方向；生涯具有时间性，即生涯的发展是一生当中连续不断的过程；生涯具有空间性，即生涯是以事业的角色为主轴，但也包括其他与工作有关的角色；生涯具有独特性，即每个人的生涯发展是独一无二的；生涯具有现象性，即只有在个人寻求它的时候它才存在；生涯具有主动性，即人是生涯的主动塑造者。

到底什么才是真正的生涯教育？生涯教育有广义和狭义之分。狭义的生涯主要是指职业生涯；广义的生涯包含人生的全过程。我们讨论生涯发展教育，要把广义和狭义的生涯发展教育结合起来考虑，因为生涯教育归根到底是人生观的教育；要找到生涯发展教育的切入点和着力点，需要学校设计各种课程和机会，让教师在教学过程中不断启发学生对自己人生进行规划，通过生涯教育的开展，学生可以逐渐明晰自身的兴趣及优势，不断探索开发自身的潜能，制定合理的升学目标，顺利地从学校走向社会，在未来的工作中更好地发挥自己的优势和才能，为社会作出更大的贡献，从而获得自身的幸福、实现自身的价值。

生涯教育的重要性不言而喻。在生涯教育过程中，教师和家长要扮演好"引路人"的角色，帮助学生从"对自己的兴趣、志向很懵懂，对不同岗位选择无所适从"中脱离出来，实现"做自己喜欢的事，过自己想要生活"的理想状态。

无论是老师还是家长，正如切斯菲尔德在《教子信札》中所言，"我们不能代替孩子走他的人生路，但至少在他踏进一个充满迷津、曲折的岔路口时，携带一份由某些有经验的旅行家绘制的地图，总还是需要的吧。"

 第四章 如何助力家长更好地开展家庭教育

三、县级中学家长实践生涯教育的有效路径

（一）耐心观察，了解孩子特点

孩子的外在表现与家庭状况密切相关，家庭是孩子的支持系统，给孩子的成长提供所需的物质、精神支持；同时家长也是孩子的榜样，家长的观念、性格、做事方式等都深刻地影响着孩子。

孩子进入青春期后，亲子互动似乎明显减少了。有些孩子有了一些行为问题，家长很无奈也很无助，不知道孩子为什么会变成这样。从互动的角度看，孩子的问题不仅仅是孩子的原因，但也不能将原因全部推给家长。某位家庭治疗大师指出：解决的关键不是把责任从一个人推给另一个人，而是要避免相互责备。家庭治疗的作用就是改变父母与孩子之间的互动关系。

在孩子成长的过程中，尤其是进入了高中阶段，希望家长们能更多一些耐心与细心去关注孩子、观察孩子，不要用"我以为""你应该"的视角去看待孩子，而是要去发现孩子的特点，去理解孩子、共情孩子。高考对普通人家的孩子来说，确实是很重要的一次机会，但不是人生唯一的机会。

（二）积极参与，助力家校共育

布朗芬·布伦纳提出的生态系统理论模型为学校与家庭共同影响学生成长这一观点提供了理论依据。生态系统理论模型认为，个体嵌套于相互影响的一系列环境系统之中，与其生活环境相互作用。也就是说，家庭与学校环境、社会大环境和文化环境，对学生的成长都有极大的影响。家庭和学校紧密围绕在学生周围，这两个系统从来不是孤立的，而是相互影响的。

高中学生正处于青春期，很多家长觉得孩子管不了、难沟通，特别希望由学校来管理孩子。中学阶段家校协同的重点在于家长应积极主动参与学生的教育、支持学校的工作。学校对于家长不仅要提出要求，还要提供方法和具体的建议。家长也应积极主动地学习，尤其是学习心理学知识和生涯规划的相关知识，以促进家校共育，更好地教育孩子，引导孩子。

（三）调动资源，重视探索过程

合理调动家长的教育资源也是解决孩子问题的有效助力。虽然县级中学家长们的资源和机会有限，但是可以多安排一些时间去陪伴孩子、了解孩子，即便是在家做农活，也是一种生涯体验。在这一过程中，不但增进了亲子关系，还能让孩子了解父母的职业。

（四）主动学习，促进有效沟通

县级中学在不断追求优质教育的改革中不断"加速"和"再同步化"，作为家长也需要认识到教育不只是学校教育，家庭教育也大有可为。在生涯规划这条路上，县级中学的学生家长能做的也许就是高质量的陪伴。家长只有主动学习，跟上时代的变化，才能与孩子有效沟通，了解孩子的真实需求，为孩子的成长提供有力的支持和帮助。

时代在不断变化，现代人的重要生涯能力实际上就是应变能力。面对环境中的"变"，个人的"应变"是其生涯发展过程中应有的警觉与认知。

第四章 如何助力家长更好地开展家庭教育

培养子女的规则意识

四川省宜宾市翠屏区旧州小学校　李新梅

规则意识是孩子养成良好行为习惯的基石。通过遵守规则，让孩子明确什么可以做、什么不可以做，从而在日常生活中形成自律、有序的行为习惯。这些行为习惯不仅有助于孩子更有规律地学习和生活，还能为其未来的社会交往奠定坚实的基础。

规则意识与道德观念紧密相连。通过遵守规则，孩子能逐渐理解并内化社会公认的道德标准，形成正确的道德观念。这种道德观念将指导孩子在未来的社会生活中做出正确的道德判断和道德选择。

规则意识决定了孩子适应社会的能力。在社会生活中，人们需要遵守各种规章制度和法律法规。如果孩子从小就能养成良好的规则意识，那么他们在进入社会后将更容易适应各种规则环境，减少违规行为的发生。

一、当前家庭教育中存在的问题

（一）规则制定不合理

许多家庭在制定规则时缺乏科学性和合理性。科学性是指制定规则的方法和过程需要基于科学的原则和方法，如儿童心理学、教育学等理论，而不是凭经验和主观判断。合理性则强调规则是否符合孩子的年龄、性格、兴趣和能力等特点，能否促进孩子的健康成长和发展。许多家长只关注孩子的表面行为，如学习成绩、日常习惯等，而忽视孩子的实际需求和心理特点。比如，一些家长可能会给孩子制定过于严格的规则，要求孩子必须按照自己的期望去学习和生活，这可能会导致孩子的压力过大，无法自由表达自己的想法和感受，从而引发孩子的反感和抵触情绪。这样的规则往往难以被孩子接受和执行。孩子可能会因为不理解或不认同规则而选择不遵守，或者因为规则过于严苛而感到焦虑和不安。这种情况不仅不利于孩子的成长和发展，还可能影响到家庭关系的和谐。

（二）规则执行不严格

在家庭教育领域中，规则制定与执行并重，缺一不可。然而，在实际操作中，许多家庭尽管已建立了明确的家规或约定，但在执行阶段却往往出现力度不够、公正性缺失的问题。家长可能由于各种原因，如过度溺爱孩子、不忍心实施严厉的管束，或忙于工作、生活琐事等，忽视了规则的具体落实，使得规则在实际生活中并未得到严格、一致的落实。在这种情况下，规则沦为一种表面形式，无法真正发挥其引导、约束和激励的作用。

（三）家长示范作用不足

家长是孩子的第一任老师，他们的言行举止对孩子有着深远的影响。然而，许多家长在日常生活中并没有做好表率作用，常常违反自己制定的规则或社会公认的道德规范，给孩子带来不良示范。

二、制定规则的三个维度

（一）规则意识的培养目标

规则意识的培养目标应包括以下几个方面：一是使孩子明确规则的重要性和必要性；二是帮助孩子理解并内化规则内容；三是引导孩子自觉遵守规则并形成良好的行为习惯；四是培养孩子的自律意识和自我管理能力。

（二）规则制定的原则

在制定规则时，应遵循以下原则：一是合理性原则，即规则应符合孩子的年龄特点和心理需求；二是明确性原则，即规则应具体、明确、易于理解和执行；三是公正性原则，即规则应对所有家庭成员一视同仁；四是灵活性原则，即规则应具有一定的灵活性以适应不同情况的变化。

（三）规则执行的方法

在执行规则时，可采用以下方法：一是以身作则法，即家长应自觉遵守规则并给孩子做好表率；二是正面激励法，即通过表扬、奖励等方式鼓励孩子遵守规则；三是自然惩罚法，即让孩子承受因违反规则而产生的后果以加深其记忆；四是沟通引导法，即与孩子进行充分的沟通和引导以帮助其理解并接受规则。

三、家庭教育指导建议

（一）制定合理规则

家长在制定规则时，应充分考虑孩子的年龄特点和心理需求。对于年幼

 第四章 如何助力家长更好地开展家庭教育

的孩子,规则可以更具体、明确。例如,规定他们每天早晨在什么时间起床,晚上在什么时间休息,以及在饭前要完成哪些必要的卫生习惯等。随着孩子年龄的增长和认知能力的提升,家长可以逐渐引导他们理解和遵守更为抽象的规则,如关于行为规范、社交礼仪等方面的规定。

在生活方面,家长可以制定"早睡早起"的规则,让孩子养成良好的作息习惯,有充足的睡眠保证身体健康和精力充沛;设定"饭前洗手"的规定,培养孩子良好的个人卫生习惯,预防疾病的发生。

在学习方面,家长应强调"认真听讲"的重要性,让孩子明白只有专注听讲才能有效吸收知识;设立"按时完成作业"的规则,帮助孩子形成责任感和时间管理的能力,确保学业任务的及时完成。

(二)引导孩子参与制定规则

家长在家庭教育中,可以积极引导孩子参与规则制定的过程,让孩子感受到自己的参与权和决策权,孩子会因为亲自参与而增强对规则的理解和认同,从而更愿意主动去遵守规则;同时,这种互动式的教育方式有助于构建和谐的亲子关系,让孩子感受到自己的意见被重视和尊重,有助于培养孩子的自主性和独立性,让他们在未来生活中更加自信和坚强,对于其独立人格的塑造和社会责任感的培养具有深远影响。

同样地,在学校教育环境中,教师也可以借鉴这种方式,鼓励学生参与到课堂纪律和校园行为规范的制定中来。比如,在班级管理过程中,教师可以组织学生进行小组讨论,共同商议并确立课堂发言规则、小组合作方式以及课后作业提交标准等规则。这样的参与过程不仅能让学生站在教师的角度去思考问题,提高他们的自律性和自觉性,还能进一步强化他们对规则重要性的认知;同时,还能提高他们的团队协作能力和自主性,这对学生未来的学习生活和职业生涯都将是一笔宝贵的财富。

(三)以身作则做好表率

家长在孩子的成长过程中起着至关重要的作用,孩子的行为习惯、价值观等都会受到家长的影响。因此,家长应该以身作则,做好表率,引导孩子走向正确的道路。家长不仅要在言语上教育孩子,更要在行动上给孩子树立榜样。在日常生活中,家长应时刻注意自己的言行举止是否符合规则要求,例如,在公共场合不大声喧哗、不乱扔垃圾等,通过自身的示范作用影响孩子形成正确的行为习惯。只有这样,孩子才能形成正确的人生观和价值观。

（四）采用正面激励和自然惩罚相结合的方法

家长在教育孩子遵守规则的过程中，可以巧妙地将正面激励与自然惩罚相结合，以达到既促进孩子成长又保护其心理健康的目的。这种方法不仅能增强孩子的规则意识，还能培养他们的责任感和自律能力。

例如，家长设立一个规则，即要求孩子每天完成一定的家务以培养其责任感和独立性。当孩子连续一周都按时完成家务时，家长可以给予正面的激励。比如，周末安排一次家庭出游作为奖励，或者让孩子选择一本心仪的书籍作为礼物。在给予奖励的同时，家长还应具体表扬孩子的努力和进步，比如："宝贝，你这周的家务做得非常出色，不仅效率高而且质量也很好，妈妈为你感到骄傲！"这样的正面反馈会让孩子有成就感，从而更加积极地遵守规则。

当孩子违反规则时，自然惩罚也是一种有效的教育方式。比如，家长规定晚餐前必须完成作业，但孩子因为贪玩而未能按时完成，此时，家长可以让孩子体验后果，比如，取消晚餐后的零食，取消看电视的机会等等。这种自然的惩罚方式无须家长过多的言语责备，就能让孩子深刻体会到自己行为所带来的后果。在经历这样的教训后，孩子往往会更加珍惜遵守规则的机会，以免再次遭受类似的"惩罚"。

当然，在应用自然惩罚时，家长必须注意适度原则，避免过度惩罚对孩子造成心理伤害。惩罚的目的在于教育而非惩罚本身，因此家长应确保惩罚措施与孩子的违规行为相称，并关注孩子的情绪变化。如果孩子对惩罚表现出过度的抵触或恐惧情绪，家长应及时调整策略或进行心理疏导。

（五）加强与孩子的沟通和引导

家长应加强与孩子的沟通和引导，以帮助孩子理解并接受规则。当孩子对规则产生疑问或抵触情绪时，家长应耐心解释和引导，让孩子明白规则的重要性和必要性，同时要注意倾听孩子的意见和建议，尊重孩子的个性和需求，避免将个人意志强加于孩子身上。

（六）培养孩子的自律意识和自我管理能力

在家庭教育中，培养孩子的自律意识和自我管理能力是构筑孩子未来成功的基石。首先，让孩子自主制订学习计划并严格执行，不仅能够激发他们的学习动力，还能培养他们的时间管理能力和责任感，这一过程教会孩子如何设立目标、规划行动并持之以恒，为日后的学业与职业生涯奠定坚实的基础；其次，可以鼓励孩子自己整理房间、书包等日常物品，这些活动能使孩子学会独立处理个人事务，增强自我管理的能力，逐步建立起良好的生活习惯和秩序感；另外，参与家务劳动也是不可或缺的一环，这不仅锻炼了孩子的身体，更重要的是培养他们的家庭责任感、团队合作精神以及解决问题的能力，在共同分担家务的过程中，孩子学会了感恩与付出，为成长为有担当的社会成员打下坚实的基础。

上述这些实践活动有助于孩子形成良好的自律意识、提升自我管理能力，使他们在校期间能遵守规则、高效学习，更为他们将来步入社会、独立生活奠定坚实的心理和行为基础。因此，家长应高度重视并积极参与这一过程，与孩子携手共进，共创美好未来。

四、结论

培养孩子的规则意识是家庭教育中不可或缺的一环。通过制定合理规则、引导孩子参与制定规则、以身作则做好表率、采用正面激励和自然惩罚相结合的方法以及加强与孩子的沟通和引导等措施，可以有效培养孩子的规则意识并促进其全面发展。希望广大家长能够重视孩子规则意识的培养并付诸实践，为孩子的健康成长和未来发展奠定坚实的基础。

智慧语言　赋能孩子
——儿童语言教养的时机和方式
四川省宜宾市中山街小学校　唐艳　陈雪　孟香

笔者作为一名家庭教育指导老师，常听到家长们分享育儿的喜怒哀乐。我发现一个有趣的现象：家长明明深爱着孩子，可是家长说的话孩子总是不愿意接受。笔者在任教的小学一二年级家长中做了问卷调查，调查发现：亲子冲突按发生率大小，依次是言语冲突（68%）、情绪对立（50%）和身体冲突（6%）。98.1%的家庭反馈的言语冲突主要由孩子的学习问题、生活习惯问题引起；不愿意听家长的话的原因依次有：家长的方式不对（83%）、家长的态度不好（80%）、家长不理解我（36%）。这充分说明，家长的语言教养是一种智慧，即说话的态度、时机和方式很重要。

一、语言教养的积极作用

家长的语言是有能量的。在现实生活中，家长的各种负面语言可能会让孩子感受被指责、被命令、被威胁等，让孩子感觉自己不够好而自卑、自责。而家长积极正向的语言能让孩子感受到被看见、被尊重、被理解、被接纳、被信任，孩子能够通过家长的语言获得自信和力量。因此，家长要想让自己说的话有效果，就得采用孩子能接受的方式。下面列举一些常见的场景，感悟语言智慧的积极作用。

（一）场景一

1. 反例

家长："作业都没有做完,谁让你看电视！听不进去是不,皮子紧了啊？"
效果：孩子因家长的责骂和威胁感到闷闷不乐，再无心情写作业。
同样的场景换个说法，就会产生截然不同的效果。

2. 正例

家长："我看到你作业没完成就看电视（说出事实），我很担心你养成习惯了（表达感受），我们约定过，看电视必须是在作业完成之后哟，去把作业

第四章 如何助力家长更好地开展家庭教育

完成了再来开开心心看电视吧（指向问题的具体解决办法）!"

效果：孩子能感受到家长的关爱和家长的要求，会觉得自己没遵守约定而不好意思，接下来会更愿意去遵守约定——先完成作业再看电视。

3. 分析总结

我们来看看上述正例里蕴藏着什么智慧呢？我们把正例梳理如下：

"我看到你作业没完成就看电视"，是将观察到的事实实事求是地说出来，而非评判。

"我很担心你养成习惯了"，是家长表达内心真正的意图和担心，能让孩子感受到关爱。

"我们约定过看电视必须是在作业完成之后哟，去把作业完成了再来开开心心看电视吧"

第一步：说事实，不带评判。

第二步：谈感受：表达内心真实感受。

第三步：说请求，即具体的建议要求。

下面再列举一个常见的生活场景来感悟语言智慧的积极作用。

（二）场景二

1. 反例

儿子："妈妈，我下午想出去玩一会儿。"

妈妈："都有谁啊，是不是有那个小胖子？"

儿子：不高兴了，想转身离开。

妈妈："你就不能和那些学习好的同学一起玩啊？你能不能有点出息！"

儿子："我想和谁玩，就和谁玩！不用你管！（儿子生气离开）"

妈妈：（焦急起身）"我不管你谁管你呀！"

结果：孩子夺门而出。妈妈担心不已。

如果妈妈换个态度方式，效果则截然不同。

2. 正例

儿子："妈妈，我下午想出去玩一会儿。"

妈妈："和谁？去哪儿？玩多久呢？（了解详细情况）"

儿子："和小胖子，去球场玩一下午，回来吃晚饭。"

妈妈："妈妈担心你的安全。还担心你交往学习和习惯不好的朋友影响到你。今天需要来球场接你吗（说出自己的感受，同时问问需求）"

儿子："妈妈，我会小心注意安全的，要不你 5:30 来球场接我回家吧。妈妈，我不会受别的同学坏习惯影响的。"

妈妈："那好吧！妈妈相信你！你去吧！我按时来接你。（及时回应需求）"

结果：孩子开心打球去了。妈妈安心按时去接。

积极心理学研究表明：孩子天性积极向上！当孩子被聆听、被看见、被尊重、被理解、被接纳、被信任、被鼓励的时候，孩子迸发出来的潜能是巨大的、惊喜的。我们要"赢得"孩子的心，而不是"赢了"孩子。孩子有好的感受才会有好的行为。

二、语言教养的合适时机

（一）训子择时机

1. 晨不训子，美好一天

"晨不训子，美好一天"是指早晨不要对孩子进行严厉的训斥或批评。早晨是一天的开始，对于孩子来说，一个轻松愉快的早晨能够为全天的学习生活设定一个积极的基调。如果一大早就受到批评或训斥，可能会影响孩子的情绪和自信心，进而影响他们一整天的表现。在早晨创造一个和谐、鼓励性的环境，让孩子以积极的心态去迎接新的一天，从而使新的一天更加美好和充实。

2. 进餐时分，其乐融融

"进餐时分，其乐融融"是指进餐时，家人或朋友围坐一起，共享美食，彼此间分享着快乐和幸福。而"吃饭时不教训孩子"则是对这种和谐氛围的维护。在进餐时，应专注于享受美食和彼此陪伴，让孩子感受到家庭的温暖，从而更加珍惜与家人共度的时光。这个时候教训孩子，可能导致孩子无心进餐，作为家长应尽量避免在用餐等特殊时候严肃地教训孩子。

3. 寝不训子，美好睡眠

"寝不训子，美好睡眠"意思是在睡觉前不要教训孩子。睡眠对于孩子身体和心理健康都非常重要，它可以帮助我们恢复体力、提高免疫力、促进大脑发育等。睡前环境应该是一个安静、放松的环境，以便孩子能够更好地入睡。如果睡前进行激烈的教训或争吵，可能会影响睡眠质量，导致难以入睡或睡眠不深。

4. 人前不教子 孩子爱面子

"人前不教子,孩子爱面子"是指在公共场合或他人面前不宜直接批评或教育孩子。这样做是为了尊重孩子的感受,保护孩子的自尊心和面子,避免孩子在众人面前感到尴尬或羞愧,从而产生逆反心理或自卑情绪。对于批评教育,家长应该尽量选择更温和、更私密的方式,用心保护孩子的自尊心。

(二)引导有时机

1. 开心时刻,分享祝贺

当孩子取得一些成就或表现出色时,家长应及时祝贺和分享,这能极大地提升孩子的自信心与满足感,能让孩子感受到被爱和认可,激励孩子持续努力。例如,当小朋在运动会中获得名次,妈妈高兴地说:"太棒了,小朋!妈妈为你感到骄傲,这个周末我们全家去吃火锅,给你庆祝!"这样简单而又充满真情的话语和行动,不仅表达了家长对孩子的欣赏,还有助于增进家庭氛围和亲子关系。

2. 沮丧时刻,走进内心

当孩子遇到挫折,感到沮丧时,作为家长应该以理解和支持的态度走进他们的内心世界。可以这样对孩子说:"宝贝,我看得出来你现在很不开心,每个人在遇到困难的时候都会有这样的感觉,这很正常。记住,无论发生什么事,爸爸妈妈都会支持你,陪伴你。"孩子在沮丧的时候,如果孩子愿意诉说,家长要停下手中的事情,专心倾听,感同身受地理解孩子的感受,给予回应。通过这种方式,孩子会感受到家庭的温暖和力量,从而更有力量和勇气去面对生活。

3. 日常生活,点滴渗透

在家庭的温暖怀抱中,每一个细微的瞬间都蕴含着教育的契机。清晨或晚上,道一声早安或晚安,是对孩子培养时间观念潜移默化的影响,还可以与孩子约定好早睡早起的闹铃。餐桌旁,一家人围坐在一起,父母细嚼慢咽、举止文雅,通过自身的行为示范来影响教育孩子正确的餐桌礼仪。夜晚,当孩子在灯下写作业,父母陪伴在侧的同时也阅读书籍,不仅做了好榜样,更在孩子心中种下了坚持与勤奋的种子。正如古人云:"随风潜入夜,润物细无声。"父母的言传身教会潜移默化地影响孩子。

4. 抓住契机，故事引导

"故事里永远有方法"家长常常面临着如何有效地引导孩子的问题。有时候家长直接说教孩子，孩子会不认可甚至产生抵触情绪，这时不妨借助故事的力量来进行引导。故事是最能触动心灵的教育方式，通过故事可以将深奥的道理浅显易懂地传达给孩子，让他们在不知不觉中领悟。比如，当孩子不懂得分享时，我们可以另寻时机和孩子共读或给孩子讲述关于分享的绘本故事，通过故事启发思维引发孩子思考。

三、语言教养的智慧方式

（一）修炼情绪平和力

情绪平和稳定的家长，能引导安抚孩子的情绪，养育出情绪平和稳定的孩子，能给孩子的性格和思维模式带来终身积极的影响。

1. 情景反例

家长："跟你说过多少遍了，这习惯还是不改！烦死了！手掌心摊出来！"
孩子的感受：感受到家长的暴躁情绪，感到自己被讨厌。
效果：孩子模仿习得同样的暴躁性情。

2. 情景正例

家长："妈妈心情不好时有时忍不住发脾气，我也不想这样。以后如果我忍不住发脾气，你就打暂停手势，提醒我一下。"
孩子的感受：妈妈愿意给我敞开心扉，愿意调整控制自己的情绪，愿意让我帮助她。
效果：孩子亲近家长，亲子关系共同成长。

当家长要发脾气的时候，可以在心里从 1 默数到 20，深呼吸，对自己说："亲生的，冷静！"也许气就消了一大半。修炼情绪平和力是每个人一生的课题，教养孩子的过程也是家长自我成长的过程。

（二）引导表达，用心倾听

家长用专注的神情倾听孩子的每一句话，当孩子感受到自己被重视，他们的自尊心和自信心便如同嫩芽般茁壮成长。通过耐心引导，鼓励孩子用完整的话来描述情绪和事件，家长便能了解到真实情况和孩子的内心世界。

1. 情景反例

家长："摆个臭脸给谁看喔！有什么事儿你快点说。我还忙着去晾衣服呢！"
孩子的感受：家长不耐烦，根本不愿意听我说。
效果：孩子难过，失去倾诉愿望，以后不愿意和家长说了。

2. 情景正例

家长："宝贝，今天你似乎你不太开心，发生了什么？"一边关心地问，一边拉着孩子的手坐下来，准备用心倾听。
孩子的感受：感受到妈妈的关心和重视。
效果：孩子愿意向妈妈倾诉心声。

用心倾听并引导孩子表达，是一种基于尊重与爱的教养方式。它不仅能建立良好的沟通习惯，还能促进亲子之间的情感联结。

（三）与孩子共情

对于正处于情绪中的孩子，家长要力争做到自己情绪"稳""平""静"，理解孩子，共情孩子的感受，才能把孩子从负面情绪中带出来。

1. 情景反例

家长："哭得好难听，不准哭了！早就跟你说金鱼养不了多久就会死的，现在不就被你玩死了吗？"
孩子的感受：金鱼死了我已经很难过了，家长一点也不理解我，还责怪我。
效果：孩子更加难过，亲子关系疏离。

2. 情景正例

家长："妈妈知道金鱼死了你很难过，妈妈也很难过。想哭你就哭吧，妈妈陪着你。"（一边温柔地说，一边拥抱抚摸孩子）
孩子的感受：感觉家长理解自己，共情自己的感受。
效果：孩子情绪得到安抚，亲子关系更加融洽。

哭泣是孩子修复自己心灵的一种方式。家长应接纳、允许孩子哭泣，让孩子的情绪得到宣泄释放，感受孩子的感受，陪伴孩子在哭泣后学会解决问题。

（四）温柔而坚定

在爱与规则之间，父母要温柔而坚定。温柔意味着给予孩子足够的关爱和支持，让孩子感受到安全和被接纳；而坚定则体现在设定明确的界限，以及在必要时坚持原则。

1. 情景反例

家长："喊你走了没长耳朵吗？每次看到玩具都想买！好好好，买买买，别蹲在地上了哇！"

孩子的感受：哈哈，耍赖这办法还真灵！

效果：孩子认为只要耍赖家长就会同意，以后还会这样。

2. 情景正例

家长："因为这种玩具家里已经有一个了，所以今天爸爸无论如何是坚决不会给你买的。如果你愿意蹲在地上，那你就尽管蹲吧！"

孩子的感受：伤心一会儿。感觉自己的要求没戏，感觉家长有爱也有规则。

效果：理解家长不同意的原因，养成一定的规则意识。

通过这种温柔而坚定的教育方式，孩子不仅能在一个充满爱的环境中成长，还能学会自律、责任感和社会技能，为将来的独立生活打下坚实的基础。

四、结论

家长用智慧语言赋能孩子，能带给孩子更多的勇气、自信和力量！只要能让孩子感受到自己被爱、被尊重、被理解、被支持、被接纳、被信任的语言，就是家长的智慧语言。家长的智慧语言有利于亲子关系的建设，有利于事情的解决，有利于赋能孩子，能让孩子在爱和信任的滋养里健康快乐地成长！

第四章 如何助力家长更好地开展家庭教育

做一个让孩子参与家务劳动的智慧家长

四川省泸州市梓橦路小学渔子溪学校　李长立

著名教育学家乌申斯基说:"劳动是人类存在的基础和手段,是一个人在体格、智慧和道德上臻于完善的源泉。"可见,劳动是人类最基本的一种谋生手段,也是一种美好品德,还能帮助我们提高自身的智力与体力。对于孩子来说,最基本、最力所能及的劳动,就是家务劳动。因此,家务劳动应作为孩子成长中的一门必修课,是孩子健康成长中极为重要的一环,缺失了这一环,对孩子有害无益。

一、关于中小学生的劳动教育,教育部的新规

随着社会的快速发展和教育理念的日益更新,社会对中小学生的综合素质要求越来越高,而劳动教育作为培养学生综合素质中的重要环节,也越来越受到重视和关注。为了进一步落实中小学劳动教育的实施,提高学生的创新能力和实践能力,教育部出台了一系列加强中小学劳动教育的实施意见。

教育部发布的《义务教育劳动课程标准(2022年版)》文件中,规定从2022年秋季开学起,小学和初中学生不仅要掌握做菜做饭的本领,还要学会设计营养食谱。劳动课成为中小学的一门独立课程。

(一)教育部新规的用意

通过劳动教育,提高中小学生的劳动素养和能力,促进他们形成良好的劳动习惯和积极的劳动态度,使其明白"生活靠劳动创造,人生也靠劳动创造"的道理,培养他们自觉劳动、勤奋学习、勇于创造的精神,为他们终身发展和人生幸福奠定基础。

哈佛大学学者曾通过一项调查研究得出结论:喜欢做家务的孩子和不爱做家务的孩子,成年之后的就业率为15∶1,犯罪率是1∶10。喜欢做家务的孩子,离婚率低,心理疾病的患病率也低。还有专家研究发现:在孩子的成长过程中,家务劳动与孩子的动作技能、认知能力的发展以及责任感的培养有着密不可分的关系。

可见,家务劳动会对孩子的人生带来巨大的影响,孩子积极参与家务劳

动不仅无害，反而有着诸多的好处，甚至对人生有着重大意义。

（二）建立协同实施机制

建立以学校为主导、家庭为基础、社区为依托的协同实施机制，形成家校共育合力。通过协同实施机制引导家长树立正确的劳动观，明确家长的劳动教育责任，让家长主动指导和督促孩子完成家庭、社区的劳动任务。

二、如何指导孩子做好家务劳动

作为家长，我们应该让孩子主动参与家务劳动，甚至是爱上家务劳动，而不是逼迫孩子做家务。生活中有的家长会有这样的误区：当孩子犯错时，就用家务劳动来惩罚孩子，认为这是"劳动改造"，既惩罚了孩子，又让孩子做了家务。殊不知，孩子不仅在劳动中没有意识到自己的错误，还对家务劳动越来越反感、厌恶，久而久之也就不再愿意主动承担家务活。

（一）在家务劳动中共情

家务劳动是每个家庭成员都有义务完成的日常工作，包括打扫卫生、做饭、洗衣服……它是家庭成员相互关爱、共同维护家庭秩序、和平共处的一种形式。

家务劳动不仅能增进家庭成员之间的感情，还能促进家庭成员之间的交流，有利于建立良好的家庭关系，营造和谐的家庭氛围。家务劳动不仅有利于家庭成员间的情感交流，而且有助于家庭成员放松身心、调节情绪、提高身体素质、促进健康。

家务劳动的意义和价值不言自明，它对家庭关系的建立和家庭经济的运行有重要的作用。家庭成员应该增强责任感，不仅要分担家务，而且要热爱家务，以真正实践家庭关爱、团结、互助的精神，共同为营造和谐的家庭环境而努力。

（二）家长应扮演"引路人"角色

第一，要树立正确的劳动观和价值观。家长对于劳动的态度会潜移默化地影响孩子。家长在劳动过程中毫不吝啬地表达自己的自豪感和成就感，孩子也会产生积极情感，对参与劳动也会产生更大的热情。

第二，要树立尊重孩子劳动权利的意识。孩子是劳动教育的对象，从另一个角度来讲，劳动也是孩子的权利。成年人有责任为他们提供劳动的机会、

 第四章 如何助力家长更好地开展家庭教育

创造劳动条件，还应尊重孩子劳动的权利，家务不能一手包办。

第三，要善于调动孩子做家务的积极性。家长要和孩子一起探讨家务劳动的价值，帮助孩子真正理解完成家务活对自己、对家庭的重要意义。要善于观察，对孩子在家务劳动中的点滴进步要及时表扬，当孩子出现消极抵抗或故意拖延的行为表现时，要耐心和孩子一起寻找原因和解决对策，切忌因此否定孩子。给孩子提供的家务劳动内容要丰富多样，以避免简单重复使得孩子产生疲倦感。针对中小学生的心理特点，还可以给孩子布置一些复杂而有趣的家务，以激发孩子的求知欲和创造性。

家务是每个家庭成员的义务，每个成员都要参与其中，共同完成家务，家长带头做好榜样，给孩子布置力所能及的家务清单，让孩子可以完成并获得自豪感、满足感。家长给予耐心和时间陪伴孩子做家务，并及时表扬孩子的付出。

（三）有效指导孩子做好家务劳动

家长要对孩子在中学阶段的家务劳动能力培养有明确的目标，和孩子一起制订好阶段性完成计划。不要今天一个，明天一招，不考虑年龄和认知特点胡乱分派家务活给孩子。家长要认真观察孩子的完成情况，在孩子遇到困难的时候适度支招，甚至亲手进行过程演练，但不能包办代替。千万不能将分配家务作为孩子犯错后的惩罚手段，这不仅会失去劳动的意义，还会让孩子反感、厌恶家务劳动。

家长要耐心、细致地教给孩子相关的劳动技能，讲清楚为什么要干这项家务活。比如教他们怎样才能摆好筷子，怎样才能擦干净桌椅，怎样择菜等等，边教边讲做好这些事对大家的帮助。

（四）孩子在家务劳动中会获得什么

孩子在家务劳动中会获得以下能力：

（1）学会分析、判断、整理的能力。

（2）学会感恩父母、换位思考的能力。

（3）培养吃苦精神、创新思维、合作能力。

劳动教育对孩子体能、习惯、智力、品德、审美这几个方面的提升有着重大意义。我们不能因为孩子小就不让他参与劳动，更不能因为孩子要学习，以劳动浪费时间为理由阻止孩子做家务，而应鼓励孩子积极参与劳动，让孩子在劳动中培养时间管理能力，获得全方位的成长。

三、中小学生"家务劳动清单"

1~2年级：择菜、洗菜、饭前摆碗筷，养金鱼、蚕等小动物、学会简单整理物品等。

3~4年级：做凉拌菜，学会简单拼盘、布置房间、自己换洗床单和被套等。

5~6年级：做两三道家常菜 如西红柿炒鸡蛋、炖骨头汤等，学习养护绿植知识，学会理财、管理时间等。

7~9年级：做饭能待客，会对家电进行简单的拆卸、清理、维修等，组织安排家庭活动。

四、结论

家务劳动不仅仅是体现父母的教育智慧，更是成就孩子一生的幸福，这将是孩子一生的财富。让我们努力做一个让孩子参与家务劳动的智慧家长吧！

 第四章 如何助力家长更好地开展家庭教育

孩子没考好，家长怎么办

四川省隆昌市第二中学　付映春　唐彦

又是一年考试季，每次考试后都是几家欢喜几家愁。如果孩子没考好，我们家长可以做些什么呢？

一、安抚孩子，不急于埋怨或盲目建议

（一）理解孩子，为孩子撑起心灵的保护伞

孩子没考好，其实他们心里是既难过又害怕的，这时我们家长要做的就是为他们撑起一把伞，为他们遮风挡雨。有一个简单而有效的方法，即给孩子一个温暖而真诚的拥抱。

（二）接纳孩子，成为孩子情绪的接纳容器

无论孩子的成绩好与坏，家长都应该明白，孩子是自己的，如果做父母的都不接纳他们，那么还有谁能这样无条件地接纳他们呢？只有我们接纳了孩子，才能够理智有效地帮助孩子解决问题；也只有我们接纳了孩子，孩子才能有底气去面对问题、解决问题。

首先要接纳孩子的情绪：孩子没考好，最难过的是谁呢？是孩子本人，他们心里才是最苦的，才是最脆弱的。我们家长此时是孩子情绪的容器，要允许孩子有情绪。

其次家长要稳定自己的情绪。孩子没考好，家长难过，然而孩子是最容易受父母情绪感染的，所以家长不要自私地只想着表达自己的不满和失望，而忽视孩子的难过和沮丧，不要一味地责怪孩子，更不要去挖苦孩子。有的家长喜欢把事情夸大，甚至将一次考试成绩与未来挂钩，这时非常不可取的。

家长应该做的是：让自己的情绪保持稳定，告诉孩子，考试分数不理想没关系，我们要解决学习上存在的问题才是最重要的。

（三）支持孩子，成为孩子的坚强后盾

考试过后，常有家长说：你看人家谁谁考了多少分！每当孩子听到自己父母说这些话时，他们心里是难受的，他们会怀疑自己"真的很笨""不如别

人"，会否定自己。这种不合理的比较，会让孩子的自尊心和自信心受到了很大伤害。

因此。家长一定要明白，接下来应该做的是解决问题，而不是制造新问题。我们要想让孩子飞，就要让孩子插上自信的翅膀，给他助力。

（四）看见孩子，成为孩子的伯乐

每个孩子都是不一样的个体，没有相同的父母，怎么会有相同的孩子？每个孩子都有自己的优势和擅长的技能，就看父母是否有足够的耐心去发现孩子的好，用心陪伴，帮助他们挖掘自己的优势，并把自己的优势充分运用在学习生活中，建立自信心，更好地成长。面对孩子不理想的考试结果，家长应首先肯定孩子已取得的进步，鼓励做得好的地方。

聪明的父母不是紧盯着孩子的错误不放。对于孩子来说，学习态度积极了，书写认真了，某个题型得分高了，都是一种进步。要想孩子下次取得更大的进步，一定要先肯定孩子已取得的进步。

二、支持孩子，帮助孩子解决问题

（一）帮助孩子正确归因

考试成绩不理想总归是有原因的，这个原因是孩子需要正视的，可能是基础知识不牢固，或是计算能力太差等等。

重点看扣分的题目，查找出错的原因，把对应的知识点找出来，这部分知识点就是孩子还没掌握的，就是失分的原因。找到了"病因"，才能"对症下药"。

（二）树立正确考试观

人的一生都会面临学习和考试。学生时代要面对各种升学考试，工作之后又要接受来自生活和工作中的各种"考试"。既然考试伴随我们一生，我们就让考试成为孩子成长的垫脚石而不是绊脚石。

（三）制订计划，落实计划

分析问题是为了解决问题，必须让解决方案落地。

根据孩子现有的问题对症下药，在老师的帮助下，为孩子制订合理的可行性学习计划。之后，鼓励孩子坚持，让孩子养成好的学习习惯；让孩子在持续不断的努力中找得到学习的乐趣，激发孩子的学习内驱力。

 第四章　如何助力家长更好地开展家庭教育

在这个过程中，家长们一定要细心和耐心，要管理好自己的情绪。智慧的家长从来不会乱发脾气去抱怨孩子，他们和孩子一起正确面对问题、积极解决问题。有了父母的用心陪伴，孩子肯定会取得很大的进步。

让孩子多一些自主时间和空间

四川省隆昌市第二中学　刘育聪

在生活中,有些父母容易不断产生焦虑,比如,一看到孩子空闲下来就开始担心,觉得孩子是在浪费时间,恨不能将孩子所有的闲暇时间都用学习或各种"有用"的事情填满。事实上,就和弦绷得太紧容易断裂的道理一样,孩子的生活是需要适当"留白"的,要想孩子得到健康的发展,需要给他一定自主支配的时间和自由成长的空间。

一、不要过度保护,给孩子探索世界的自由

意大利著名教育学家蒙台梭利认为:孩子一出生就具备一个精神胚胎,其中藏有心灵成长的密码。孩子只有通过自己的行动、感受和思考才能解开这个密码。孩子天生就具有对这个世界的好奇心,他需要通过自身的体验与感知来探索和了解世界,而家长的过度限制和保护剥夺了孩子探索世界的自由和兴趣,他们与生俱来的好奇心也会被逐渐磨灭。

生活中经常会看到这样的场景,家长因为担心孩子的安全,总是给他各种各样的限制,比如告诉孩子"这个不能碰"或者"那个不能爬",即使在一个安全的空间里欢快地奔跑,也会被家长跟在后面不停地叮嘱:"别乱跑!别摔着!"被过度保护的孩子容易变得畏首畏尾、自卑胆怯,失去探索世界的勇气与能力;被限制过多的孩子久而久之也容易形成固化思维,他们与生俱来的生命力、创造力和想象力也会受到一定的压制和影响。再举一个生活中的例子,有的孩子看到下雨很兴奋,会忍不住去踩雨水积成的小水洼,这是孩子的天性,也是他在用自己的方式感受和探索大自然。不少家长却因为担心弄脏孩子的衣服或鞋子而去阻止甚至呵斥孩子,其实,保持衣服的整洁和保护孩子的好奇心相比,哪个更重要呢?只要在确保安全的前提下,家长完全可以放手让孩子多一些尝试、体验和探索的机会,有意识地保护孩子的生命力、创造力和想象力。

二、不要过度控制,给孩子支配时间的自由

著名教育学家陶行知说过,"要解放孩子的头脑、双手、双脚、空间、时间,使他们充分得到自由的生活,从自由的生活中得到真正的教育。"

最近有家长在网上晒出自己孩子的假期作息时间表,上面密密麻麻地写

满了孩子一天的日程安排,从早上起床到晚上入睡,几乎所有的时间都被学习、各种培训或带有学习目的的活动所填满,没有一个时间段是孩子可以自由支配的或者是纯休闲放松的。孩子经过一个学期紧张、忙碌的学习生活后,好不容易盼来假期,结果每天又像上紧了发条的闹钟一样,继续过着被家长安排好的紧张生活,没有一点可以自由喘息的时间和空间,这样的假期让孩子毫无盼头甚至窒息。

实际上,从孩子的身心发展规律来看,适当的闲暇和自由时光恰恰是促进孩子身心健康发育、激发他们生命力和内驱力的成长必需品。孩子的天性就是喜欢自由玩耍,喜欢亲密接触大自然,喜欢探索新世界。那首广为流传的《童年》歌曲就生动写出了童年的真实状态和孩子的真切心声:"多少的日子里总是一个人面对着天空发呆,就这么好奇,就这么幻想,这么孤单的童年……"那些看似无用的疯玩疯跑的时光、那些看似无所事事发呆的时光、那些和小伙伴一起无拘无束游戏的时光,都会成为孩子生命中鲜亮的充满活力的底色,也是一个生命得以健康成长必不可少的养分。

家长需要明白的是,并非将所有的时间都花在学习上,就对孩子的学习最有利。相关研究证明,给孩子一定的自由时间和空间,不但不会对孩子的学习产生负面影响,还能提升孩子的学习效率。中国家庭教育学会副会长孙云晓曾经举过一个例子,一位妈妈每天接两个孩子放学后,都会带他们去家附近的公园玩耍至少一个小时。在这个时间段里,孩子们可以自由自在地玩耍或者运动,等孩子们畅快淋漓满头大汗地回到家后,洗个澡再开始写作业,这时他们心情愉快、大脑清醒,更容易投入到学习中,效率也更高。而那些没有一点自由时间的孩子,看似都在学习,但他们往往缺乏内在动力,只是迫于外在压力才勉强自己学习,这样他们的学习效率一定不会高,久而久之会对孩子的身心健康产生不利影响。

三、不要包办代替,给孩子自己做主的自由

在蒙台梭利提出的儿童成长的自然定律中,有一条是独立性定律:"儿童通过自立获得身体的独立;通过自由地使用其选择能力获得意志上的独立;通过没有干扰的独立工作获得思想上的独立。"独立源于人类内在的需求,从儿童出生的那一刻起,就已经开始了其独立的进程。

孩子要成长为一个具有独立人格的人,有一条必经之路,即要经历自己为自己做主的过程,拥有自己为自己做主的自由。要做到这一点,一方面需要家长自身具有独立人格,同时也将孩子看作独立个体;另一方面需要家长

克服对未来不确定性的担忧和焦虑，给孩子更多信任，放手给孩子更多去自己体验和做主的机会。

黎巴嫩诗人纪伯伦的一首关于孩子的诗里这样写道："你的孩子，其实不是你的孩子，他们是生命对于自身渴望而诞生的孩子。他们通过你来到这世界，却非因你而来，他们在你身边，却并不属于你。你可以给予他们的是你的爱，却不是你的想法，因为他们有自己的思想……"只有当父母真正将孩子当作具有独立人格和思想的个体而不是自己的私有财产时，才能真正以平等的姿态尊重孩子的想法和需求，才能克制自己为孩子包办代替的想法和行动，真正放手让孩子自己做决定。

给孩子自己做主的自由并不代表父母完全撒手不管，父母需要扮演的不是包办代替者的角色，而应该是顾问者的角色。一方面，父母有责任帮助和引导孩子树立正确的价值观，培养他们判断是非的能力；另一方面，当孩子有需要的时候可以给孩子建议和帮助，让孩子感受到来自父母的充分信任和支持。

很多青春期的孩子与父母发生激烈的冲突，其中一个重要原因就是父母总想让孩子听从自己的意见，总想将自己的意志强加给孩子，总觉得自己做的决定对孩子更有利。每年高考结束填报志愿的时候，都会出现因为孩子和父母想报的专业不一样而产生亲子矛盾的情况。其实，父母要给予孩子更多的信任，要相信孩子有自己的思考和判断能力。当亲子双方意见不一致的时候，也可以坐下来心平气和地把双方意见说出来，一起探讨、平等交流，而不是以父母的权威来压制孩子，那样只会适得其反，将孩子推得越来越远，亲子沟通越来越不畅通。

做父母不容易，做有智慧的父母更不容易。在这条充满快乐也艰辛的路上，愿父母们能努力遵循孩子的成长规律，适当给孩子的成长"留白"，给予孩子充分的尊重和自由，建立更加和谐美好的亲子关系。

如何培养孩子的心理韧性

四川省隆昌市第二中学 陈翻

近年来,青少年发生抑郁等心理疾病时有发生,我们不禁要问,究竟是什么让这些天真单纯的孩子出现心理问题?我们怎样才能避免这些问题的发生?家长要怎么做才能让孩子有能力应对今后可能遇到的困境?孩子需要具备哪些素质和能力,才能放心地让他们走入社会,甚至在今后的人生中无论遇到怎样的挑战,他们都能健康地生活?

父母辛辛苦苦地养育孩子,应该把孩子培养成什么样的人呢?最基本的要求是让孩子成为一个幸福的普通人,在这个基础上再追求成功和卓越。遗憾的是,有些家长不明白这一点,他们培养孩子的目标与此相反。

清华大学社会科学学院院长彭凯平教授在《心理韧性:如何培养内心强大的孩子》一书中说:"心理韧性的培养与锻炼恰恰是我们'人之为人'最重要的能力。"心理韧性是指人从逆境、矛盾、失败甚至消极的事件中恢复常态的能力,是每个人都需要具备的素质,是一种能通过后天训练得以提升的能力。

一、如何培养孩子的心理韧性

如何培养孩子的心理韧性,使孩子成为一个内心强大的人?

一是要建立积极的家庭氛围,拥有积极的家庭话语风格。家庭是孩子成长的摇篮,积极的家庭氛围能够为孩子提供安全感和支持。家长要与孩子建立亲密的关系,多关注、鼓励、支持孩子,让孩子感受到家庭的温暖和力量。

二是要培养孩子的自信心,挖掘内心原本的力量。自信心是一个人成功的基石。家长要从小培养孩子的自信心,鼓励孩子尝试新事物、克服困难,让孩子在实践中不断成长、提升自我价值感。

心理学家相信人们天生具有一种能力,即通过利用自身的自然资源来改变自身的能力。每个人都有自身的优点,我们要帮助孩子认识发现自己的优势,从而能解决自身外在或潜在的问题。

三是要教会孩子正确面对挫折,拥有成长型思维。挫折是人生中不可避免的一部分,家长要教会孩子正确面对挫折的方法。当孩子遇到挫折时,要鼓励他们勇敢面对、积极寻求解决问题的方法,培养他们的抗挫能力和意志力；还有就是要相信人的能力不是固定不变的，而是可以不断增长的。相信我们的孩子，在挫折事件中不仅能吸取经验教训，还能锻炼和培养自身的毅力和勇气，并从中得到成长。

四是要培养孩子的适应能力，给孩子试错的机会。适应能力是一个人应对环境变化的能力。家长要从小培养孩子的适应能力，让他们学会适应不同的环境、不同的人和事物。这样，当他们遇到逆境时，就能够更好地适应变化，应对挑战。

父母最大的智慧，就是让孩子在试错中成长。只要把握住了安全和道德的边界，让孩子不犯原则性错误，就可以鼓励孩子做任何尝试。

五是要培养孩子的社交能力，让孩子拥有更多的支持资源。社交能力是一个人在人际交往中取得成功的基础。所谓一个好汉三个帮，家长要培养孩子的社交能力，让他们学会与人沟通、合作、建立良好的人际关系。这样，当他们遇到困难时，知道自己并不是一个人在面对困难，能够更好地寻求他人的帮助和支持。

二、结论

身为家长，无论怎样爱孩子，都不可能永远保护和照顾他的一切，孩子今后的道路不可能总是一帆风顺的，孩子的一生不可能万事皆如意。帮助孩子具备心理韧性，父母才能放心地让孩子走入社会，甚至在父母离开这个世界的时候，也能欣慰地知道，孩子在今后的人生中无论遇到怎样的挑战，他都能健康地生活。让我们携手同行，为孩子们的明天共同努力，相信在老师和家长的陪伴下，孩子们将拥有一个光明的未来。

第四章 如何助力家长更好地开展家庭教育

助力孩子成功迈向初中生活
——家长可以这样做

四川省隆昌市第二中学 郑伟

小学毕业后进入初中是一个关键的转折点，同学们将开始进入青春期。在这个阶段，他们将面临着身体、心理和社会方面的重大变化。这个阶段对孩子来说既是挑战也是机遇，家长的支持和理解起着至关重要的作用。为此，我们为家长们提供一些建议，以帮助孩子走好进入初中的第一步。

一、家长要有一颗平常心

对于孩子进入新的发展阶段，既不消极暗示，也不要过分渲染。跟孩子一起面对问题，找到解决方法，顺利开启新的航程。

二、认同学校，信任老师

家长要明白，没有一所学校是专门为自己孩子量身打造的，也没有为专门培养自己孩子而配备的老师。因此，家长必须引导孩子适应学校、老师和同学，提升孩子的适应能力；认同学校、信任老师，是成就自己孩子的第一步。

三、培养孩子的生活自理能力

家长应从小学阶段开始，逐步培养孩子的生活自理能力。因为进入初中之后，有可能孩子会住校，脱离父母的照顾，如果生活自理能力差，极大可能会影响孩子的初中学习和生活。所以，家长要有意识地培养孩子的自理能力，例如，学会整理床铺，会妥善保管好自己的生活、学习用品，会根据天气变化增减衣物等。

四、培养孩子的行为自控能力

初中阶段的孩子是懵懂的、不成熟的，而且缺乏正确的是非观念。如果孩子缺乏良好的行为自控能力，轻则会影响学习，重者会误入歧途。所以家长必须明确告知孩子哪些事是该做的，哪些事是不该做的；能和什么样的人交朋友，不能和什么样的人交朋友。

五、培养孩子在学习上的自立能力

首先，为了让孩子更好地适应初中的学习环境，应让孩子为自己定下清晰的学习目标。在初中第一学期，家长不仅要关注孩子的成绩，还应该给他们足够的时间和空间来适应新的学习环境，让他们能够更好地掌握学习的节奏，并且培养他们的学习主动性和自觉性。当孩子的学习出现下滑的情况时，家长们应该保持冷静，仔细分析原因，并以温柔的话语来安抚和鼓励他们，让他们感受到父母的关爱。

其次，帮助孩子进行学习小结。如果孩子的三门基础学科中存在知识漏洞，建议孩子在假期花些时间来弥补这些问题。即使孩子已经适应了初中的学习，也建议在假期里安排时间来复习和巩固基础知识，并通过阅读其他书籍来扩大知识面。除此之外，家长还应引导孩子学会自我总结及反思，明白自己的长处和短板，避免偏科；通过有效的学习方法来提高学习能力，制订合理的学习计划，建立完善的学科知识体系，以解决学习中遇到的实际问题。

六、带领孩子进行户外运动

初中的学习生活是忙碌又紧张的，比起小学阶段，孩子能够得到锻炼的时间和机会少了很多。家长们一定要充分利用周末和节假日时间，创造机会让孩子适当运动。运动是最好的"健脑药"。研究表明，体育运动可以提高孩子的注意力、记忆力和学习能力；多运动对中学生的心理健康大有益处；运动可以促进大脑内多巴胺和内啡肽等化学物质的释放，从而减轻孩子因为学习和人际交往等带来的压力，缓解孩子的焦虑情绪。

 第四章 如何助力家长更好地开展家庭教育

青春期的心理特征与应对方式

四川省攀枝花市第十二中学校 付靖 蒋皓

很多家长都会有这样的困惑：孩子衣食无忧，只需要好好学习，在教室里风吹不到、雨淋不到，却还总说压力大，孩子口中的"压力"到底是什么呢？其实孩子的"压力"主要来自学习上的困难以及父母对他们的过多期望。很多孩子感觉父母除了关注他们的考试成绩外，并不关心他们的心理感受，他们没有私人时间和空间，父母要求他们把所有时间都用来学习，连交朋友的时间都没有，他们感觉不被看见、不被认同，没有价值感。一旦到了青春期，这些孩子出现逆反心理，于是他们开始对抗父母、对抗学校和老师，甚至产生焦虑和抑郁情绪。

一、青春期孩子的常见问题

（1）情绪波动大，喜怒无常。美国著名儿童发展心理学家劳拉伯克在他的著作中指出：青春期的孩子情绪波动，受激素扰动，但不密切，更与发生的事件相关。孩子跟父母交往困难，被老师批评、和同学闹矛盾的时候情绪低落，但与朋友们在一起玩耍时却情绪高涨。

（2）关系问题。亲子关系不佳，对父母的话充耳不闻、顶嘴、对抗父母；师生关系不融洽，上课不听讲、顶嘴、课堂纪律差；同学关系差，闹矛盾、敌对，甚至发生肢体冲突。

（3）学习和学业问题。作业拖沓、学习效率低、成绩下滑、注意力不集中、考前焦虑、厌学、逃学，没有目标和理想。

（4）不良习惯。沉迷手机、游戏、网聊、早恋、购物。

二、青春期孩子常见问题的成因分析

（一）家庭原因

焦虑的家庭氛围是会传染的，有些父母由于各种原因导致自身焦虑，这些焦虑的父母会把焦虑的情绪传染给孩子，让孩子内心感到不安，缺乏安全感；另外，错误的教育方式也是伤害孩子的利刃，比如，经常打击和否定孩

子，以"为孩子好"为由，不断入侵孩子的私人空间，干涉孩子的选择；时常把自己的孩子和心目中的"理想孩子"进行比较，不断磨灭孩子的自信心和价值感。

（二）孩子的心理需求未被满足

在物质生活非常丰富的今天，孩子们不再满足于衣食住行的优越，而是重视精神上的需求是否能得到满足，他们有安全感、爱与归属、实现自我价值的需求。然而，有些家长认为自己辛辛苦苦挣钱养育孩子就是爱，对孩子精神上的需求不关心，对孩子情绪上的变化不关注，导致孩子感觉不被理解、不被认同，没有安全感和归属感。总之，孩子的需求升级了，父母的思维没跟上，于是冲突就产生了。

（三）网络因素

由于互联网的普及，网络上的各种信息异常丰富，各种游戏、短视频也吸引眼球，这些都正在蚕食难得的亲子时光。沉迷于手机是青春期比较严重的问题。游戏也不断刺激和引诱未成年人消耗了大把的时间和精力，甚至荒废了学业。

三、针对青春期心理特征的应对策略

美国著名儿童心理学家劳拉·伯克和埃里克森通过心理学研究提出，青春期的主要心理特征是：害怕被批评，害怕被轻视，害怕被比较，害怕承担责任，要求独立和自由，渴望交朋友，需要有幸福感、价值感、成就感，需要获得自信。因此，作为家长，要做孩子心理健康的领路人，为孩子的成长赋能，为孩子提供有效的情绪价值，要接纳孩子的情绪，允许孩子试错，成为孩子心灵的港湾。

（一）学会批评

有些孩子胆小懦弱，这源自父母过往的打击和否定。父母对孩子不给予肯定，孩子也渐渐认定自己没有价值。"来自父母的打击所造成的伤害，不止在当下。它贯穿岁月，像一根针一样，深扎在子女的心头。"

英国剑桥大学教授、心理学家特丽·阿普特研究发现，当人被批评的时候，大脑中的杏仁核明显有生理反应，被批评者会感到恐惧（被嫌弃、被排斥、被抛弃感），感到羞耻（我不好），内心排斥批评者，免疫力会下降，容易生病，最严重的会导致心理疾病和精神疾病。

那么，什么样的批评才是合适的批评呢？合适的批评就是能帮助孩子进步、增进亲子关系；合适的批评方法是先问，给对方澄清的机会；批评的时候要将人和事分开，表扬人，批评事；最后一定不要忘记鼓励。

举一个例子：某高一男生，期中考试"数理化生"四科都是年级前五名，但语文和英语没有及格。

家长："这个分数，你有什么打算？"（先问）

孩子："这次考试，我要复盘英语和语文卷子了。"

家长："我孩子知道在文科上下功夫了，妈妈很高兴。你理科这么好，说明你学习能力强。（表扬）但是偏科这么严重，高考肯定会受影响（批评），那太可惜了，接下来咱们要在语文和英语上下功夫了。我们从现在开始着手，用三年时间把语文和英语补上来不是问题（鼓励）。"

批评孩子一定要注意保护孩子的自尊心，不能当众批评孩子。你的一句"很差劲"，在你看来是激励，可对于孩子来说，却是在他心里埋下了一颗有毒的种子。这颗种子随着他的成长生根发芽，早晚有一天，长成荆棘，布满心田。

（二）学会表扬

心理学上有一个著名的皮革马利翁效应，当一个人对另一个人表现出积极的期待和信念时，会激发那个人积极的行为态度，从而使期待变为现实。

表扬的原则是：先天具备的素质少夸（聪明、漂亮、肤白、貌美）；后天努力提升的素质多夸（勤奋、努力、细致、爱动脑、认真、讲诚信、守承诺、善良、爱护小朋友、懂分享、懂感恩、自理能力、独立思考能力、动手能力、逻辑思维能力、讲卫生、守时、动手能力强……）；夸细节、夸过程、夸动作。比如："我的孩子信守承诺，答应了的事情说到做到，真是个好孩子。""我的孩子自理能力强，真是个好孩子。"

之前批评孩子较多的家长，要做创伤处理。经常被批评的孩子，家长突然开始表扬，孩子会警惕的，他不明白家长的用意，会怀疑家长的意图。创伤处理可以采用下面的话术："我的孩子是个非常好的孩子，优点很多。过去爸爸妈妈不敢表扬你，怕你骄傲。""为了鞭策和激励你改正错误，做得更好，爸爸妈妈经常把你做得不好、不对的地方拿出来批评你，现在我们知道方法错了，做反了。从现在开始，爸爸妈妈改回来，把你的优点和长处说出来鼓励你、表扬你。"

创伤处理可以让孩子明白父母的苦心，消除对家长的防御心态，使孩子与家长的紧张关系发生改变。如果刚开始创伤处理的效果不好，请家长一定要坚持下去，慢慢地，亲子关系一定会破冰，迎来曙光。

（三）学会比较

很多家长认为自己的孩子"太过火"：过于害羞、过于早熟、过于冲动、过于散漫、过于不上进……那家长是怎么做出这些判定的呢？是一次次与心中"理想小孩"的比较中得出的，是家长用完美标准审视后产生的。比如，听说同事的孩子考了班级前三名，一想到自己的孩子还停留在中间名次，就觉得自己的孩子"差劲"；看见别人的孩子钢琴十级，再看看自己的孩子啥也不会，就觉得自己的孩子"平庸"；自己是985硕士毕业，可自己的孩子连本科也没考上，觉得自己的孩子"很失败"。家长只盯着孩子的外在表现，心里期盼着他应有的成功，却忽视了孩子自身的想法。俗话说，天下没有不爱孩子的父母，可是，有些父母因为急功近利而扭曲了这份"爱"。

正确的比较方法是：

（1）跟过去的自己比较。可以这么鼓励孩子："这次考了第十名，不错，进步了一名，说明你的努力有效，咱们保持住，争取第九名，加油！"

（2）跟自己相似的人比较。可以这么鼓励孩子："你跟第九名的小军实力相当，你的数学比他好，保持住！英语弱了点，不怕，咱们的弱势是单词量不够，接下来我们在这个方面努力！"

这样的比较让孩子有努力的方向，而且知道具体该怎么做。

（四）教会孩子独立思考

作家毕淑敏曾说：孩子的成长，首先是从父母身上确认自己的存在。孩子不是父母人生的副本，更不是父母手中的提线木偶。他应该有自己的人生体验，哪怕这个体验是经历坎坷、遭受质疑、绕点远路的。

但在实际生活中，家长总是出于各种原因去替孩子作主。怕孩子受欺负，只要孩子一遇到麻烦便冲上去帮忙解决；让孩子把所有时间都用来读书、写作业，结果使孩子丧失了求知的欲望；担心孩子找不到好工作，便强行把自己的人生规划安排在孩子身上……家长一边抱怨孩子长不大，一边又恨不得当他一辈子的保护伞。武志红老师曾深度分析过"巨婴"现象。他发现，导致这个结果的原因并非孩子本性脆弱，而是父母的过度干涉。武志红说：一个人的脆弱，大多是幼时被情感忽视造成的。看到这里，你或许会问：我们正是因为太重视才关心孩子，怎么能是忽视呢？这里所说的忽视，是指父母没有看见孩子是个完整又独立的个体。养育孩子，最关键的是培养孩子的"自我意识"：遇到困难要自己想办法；关于未来，自己得有打算；追求理想，要有自己的规划。

要培养孩子的健全人格，就要将决策权交给孩子。家长拥有建议权，鼓励孩子做决定；做对了鼓励孩子坚持，做错了给予安慰并鼓励继续努力，这样才能促进孩子健康成长。

（五）关注孩子的感受

当孩子出现厌学情绪，甚至不想去学校时，有些家长往往只关注是怎样才能让孩子继续学习，很少关注孩子的心里想法。孩子沉迷手机，有些家长只知道藏孩子的手机、控制孩子不准玩游戏，而孩子在逃避什么、谁在游戏里关爱他，家长却不知道也不在乎，而这些情绪价值本来应该是由父母给予孩子的。所以，家长只有关注孩子的感受，才能真正了解孩子的需要，才会让孩子感觉到被爱、被关注、被需要，才能建立良好的亲子关系，从而促进孩子的健康成长。

（六）让孩子体会到价值感

有些孩子觉得人生没有目标、努力没有意义。究其原因就是他们经历了来自父母或其他长辈的否定和打击，从而缺乏自信，他们会认为："我不笃定我能行""我是个累赘""我是个多余的人""我是一个没有价值的人，我被嫌弃了"有这种心态的孩子极度不自信，极具挫败感。要纠正这类孩子的不良心理，需要去发现他的优点，并让他体会到这个优点所带来的价值。当孩子向家长表达消极情绪的时候，家长一定要情绪稳定，不能焦虑，允许孩子有坏情绪，接下来仔细思考和观察，了解孩子的真实感受和心理需求，有针对性地给予指导和帮助，并通过不断鼓励，让孩子树立信心，体会到价值感。

四、结论

家庭教育，重要的是父母自己的人格要健全和完善，父母热爱生命并积极示范。让我们能"看见"孩子、肯定孩子、尊重孩子，用积极健康的方式呵护孩子一路成长。

时光不语,"陪伴"花开

四川省宜宾市翠屏区旧州小学校　张龙琴
四川省宜宾市翠屏区宗场镇中心小学校　邹雄英

一、案例分享

案例 1:有一个小男孩,他的爸爸为生活所迫每天工作得很晚才回家,这天小孩特意坐在客厅里守候着,等着爸爸回家,等了好久,终于等到爸爸回家了,于是跑上前去问他的爸爸工作一小时可以赚多少钱,爸爸告诉他一小时可以赚 100 元。于是孩子就提出向爸爸借用 50 元,然后将自己好不容易积攒下来的已经揉得皱巴巴的 50 元一起送到爸爸面前,说:"爸爸,我用这100 元买你一个小时,可以吗?你明天早一点回家,陪我一个小时吧!"

案例 2:常听到有的家长说,我陪伴孩子了啊!我虽然没读过什么书,但也总是在孩子学习的时候坐在他的旁边,陪着他。他学习多久我就陪多久。当然,我也不会教,教他他也不听,有时候说他几句,还嫌我啰嗦,弄得彼此不高兴,全家人跟着苦恼。现在的孩子啊,不陪着他他不高兴,陪着他又发脾气,真难伺候。

二、教育思考

有人说"陪伴,是给孩子最高阶的爱"。孩子需要陪伴,无论是富有家庭的孩子还是贫困家庭的孩子,内心都渴望父母的陪伴。

一直以来,很多家长认为把孩子送到学校就是学校和老师的事了。而教育专家一再指出,父母才是孩子的第一任老师,父母的一言一行对孩子有着深远的影响。也许父母给不了孩子知识的需求,但父母的教导、关爱、陪伴都是孩子的"教科书"。其中,陪伴不仅仅是陪着孩子,还要讲究陪伴的质量和方法。

三、启示与建议

以身作则比千言万语更重要,真正行之有效的陪伴,就是亲自陪伴,高质量的陪伴。

第四章 如何助力家长更好地开展家庭教育

（一）家长的心态改变是陪伴的关键

家长要明白，陪伴的过程中会产生很多摩擦，所以家长首先要调整心态，接纳孩子的特点与节奏，明白孩子需要的是什么。家长要允许孩子按照他的节奏来发展并给予他更多的帮助。要想孩子做出改变，我们也要给足时间，有些习惯短时间内就可以改变，有些习惯则可能需要一年甚至两年的时间才能改变，所以我们要保持耐心，循循善诱，在陪伴的过程中孩子自然会改变，最终会收到好的效果，这才是有效陪伴。当家长的心态发生改变后，就会发现孩子的状态也有了进步，亲子关系也有了很大改善。

（二）用爱陪伴

爱是尊重，爱是给予，爱是悦纳……父母最好的教育方式是用爱陪伴。爱是尊重，当孩子有自己的想法时，要放手让孩子去实践，不要过多地限制孩子的行动，或者对孩子的行为举止干涉太多；尽量多给孩子体验的机会。当他想做一件事时，让他自己去摸索、去磕碰、去失败，孩子就能快速地积累经验。爱是给予，给予孩子选择权，能够培养孩子的责任感，让孩子从小学会为自己的决定负责任。所以，爱的陪伴不是以"爱孩子、为了孩子好"的名义，单方面给孩子制订计划，强迫孩子按照父母的既定路线走，这样只能给孩子造成巨大的压力，得不偿失。爱是悦纳，父母要明白，每个孩子都是世界上独一无二的，都有自己的独特之处，有优点也有缺点，要让孩子明白，没有人是完美的，要学会悦纳自己、接纳他人，学习别人身上值得学习的地方，培养一颗悦纳之心。

用爱陪伴，不知不觉中使孩子与家长之间的爱更浓，亲子感情更深。

（三）用心陪伴

用心关注，用心聆听，用心辅助……只要父母用心陪伴了，就能够帮助孩子发现问题、处理问题。孩子都是有自我意识的个体，很在意他人的评价，遇到困难、挫折，他们有的会很沮丧、否定自我，有的会表现出满不在乎、无所谓的态度，有的会很敏感，表现出极强的自尊，像一只小刺猬一样不允许别人提及……这时候家长的安慰、教育和指导都显得苍白无力，也不是当下孩子们最需要的。我们首先要做的是靠近他们，拍拍肩、摸摸头，微笑着给予一个拥抱，说道："你现在是不是有些难过呀，这样的你，我好心疼哟，没事，我来陪你……"如果孩子不想说话，就陪着他们静静地坐一会，让他们感受到父母的存在与陪伴；当他们想说话的时候，就默默地做个倾听者，等他们把情绪宣泄完了，心情平复下来时，我们再陪着他们一起探讨困难、发现问题，引导他们主动思考解决问题的办法，还可以给他们一些如何调整情绪、培养良好心态和学习习惯的方法和建议。

我们要相信孩子有能力自己帮助自己。作为家长，能给予的是时间和空间、理解和陪伴以及对他们的信任，这个过程应该是充满人情味的心与心的陪伴和换位思考。

（四）共同成长的陪伴

陪伴孩子是为人父母的一场修炼。陪伴不等于陪着，高质量的陪伴是与孩子共同成长。陪伴是一种营养剂，有父母陪伴的孩子往往更聪明，安全感和幸福感也会更强。表面上看是父母在承担教育孩子的责任，但实际上父母会发现自己也在悄然改变：积累了与孩子相处的经验，能够自我控制情绪……孩子的动力来源于家长的助力，家长也在陪伴中成长。陪伴成就了孩子的好习惯、好品质，家长也收获了好习惯、好品质；陪伴让孩子内心强大，家长的内心也变得强大起来。所以，陪伴是相互的，能促进我们共同成长。

四、总结

孩子的成长是不可逆的，在陪伴孩子成长的过程中，作为父母的我们只有一次机会，错过了就永远错过了。因此，无论工作多忙，都要抽出时间，陪着孩子一起成长，不要等到孩子已经长大了，离自己越来越远才后悔。希望每一位父母在孩子成长的道路上永不缺席！

 第四章 如何助力家长更好地开展家庭教育

初中家庭教育工作的探索

四川省内江市第一中学　刘新敌

初中阶段是学生成长的关键期,而且初中学生正处于青春期,他们敏感,情绪波动较大,这些生理和心理上的变化会影响他们的正常生活和学习状态。因此,青春期孩子的家长一定要与教师充分配合,共同帮助学生平稳地度过这一阶段。那么,如何让家长理解青春期的子女,做到科学教育子女呢?这就体现出教师家庭教育指导的重要性。

本文围绕家庭教育指导案例,探讨家庭教育指导的意义、策略和方法。

一、家庭教育指导的意义

(一)加强家校联系

家庭教育指导能够加强家校之间的联系,这是显而易见的。因为家庭教育指导是学校针对家庭教育开展的一项指导性工作。教师会引导家长对孩子采取科学的教育方式,在孩子面对困难的时候,给予积极的心理和生理上的支持与帮助。所以家庭教育指导能够加强家校之间的联系,让学校与家长共同哺育学生,使其在青春期这一特殊阶段拥有一段愉悦的学习和生活体验。

(二)提高学生学习效率

家庭教育指导能够提高学生的学习效率。家庭教育给学生带来的绝不仅仅是表面上的影响,更有深一层的影响。所以,如果家长掌握科学的教育方法,能够带给学生科学面对世界的勇气和头脑,让学生能够拥有一个愉快的青春期,学生有了良好的心态,就能更好地参与学习的过程,能更高效地听讲,集中注意力学习。

(三)构建"三位一体"的教育网络

孩子的成长离不开爱,这种爱既来自家庭,也来自学校和教师。在家庭教育指导工作中,我们必须以家庭为基础、以学校为主体、以社会为平台,把学校、家庭、社会三个方面的力量有机组合起来,努力构建"三位一体"的教育网络,共同营造有利于未成年人健康成长和全面发展的良好环境。

二、初中家庭教育工作的探索

（一）开展家长座谈会

开展家庭教育指导工作，定期举办家长座谈会，在家长座谈会中向家长传达科学的家庭教育方法，让家长在养育孩子的过程中保持积极乐观的心态，设身处地为孩子着想，打造和谐友爱的家庭氛围。

例如，孩子成绩有了进步，家长必须给予肯定，给予鼓励，让其继续保持积极的学习心态，继续进步。在开展家长座谈会的过程中，学校也要积极聆听家长的心声，了解家长在教育孩子时有哪些不妥之处以及孩子在家的真实情况，这样学校才能进行有针对性的辅导，让家长做出改变，掌握正确的教育方法，让孩子拥有良好的家庭环境。

（二）模拟家庭教育情境

学校与家长共同开展家庭教育模拟情境指导。

例如，由学校统一安排，让初一、初二、初三的学生家长在不同的时间到学校参与家庭教育模拟情境指导。在情境演练的过程中，教师会示范正确教育学生的方式和错误教育学生的方式。家长根据教师演练的情境了解哪些是正确教育孩子的方法，哪些方法是要避免的。经过情境演练，引导家长在日常生活中注意自己的言行，保持情绪稳定，言传身教，这样学生才会从家长身上汲取正能量，正确地面对学习和生活。

（三）家长要注意以身作则，言传身教

孔子曰"其身正不令而行，其身不正虽令不从。"这就说明以身作则的重要性，同时也证明了长篇大论的说教不如家长的表率作用。家长的教育要有说服力、要对孩子产生影响，首先就要做好表率，成为孩子的榜样。比如：要求孩子努力学习，可家长自己在工作中却敷衍塞责、不负责任，这怎么能让孩子信服呢？家长要求孩子不抽烟、不喝酒、不赌博，自己却天天打牌到通宵、经常喝得烂醉如泥……诸如此类，如果家长说一套做一套，怎么能在孩子心中树立威信呢？家长要以身作则，父母有高度，孩子就有高度。

（四）家长要为孩子营造良好的家庭氛围

和睦的家庭关系是孩子健康成长的基石。在家庭关系和谐的环境下成长的孩子，一般都拥有良好的性格，积极向上、阳光开朗，遇到困难坦然去面对和解决，人格独立，有担当；而在家庭关系淡漠的环境下成长的孩子，会

养成极端的性格，自卑、孤僻，没有朋友、没有社交，或者暴躁易怒，做事冲动，不计后果，这对孩子的未来人生极其不利。

（五）有效的陪伴，良好的沟通

父母有效的陪伴与良好的沟通是孩子健康成长的强心剂。有父母陪伴的孩子大多性格阳光开朗，学习上也能很好地配合老师；而缺乏父母陪伴的孩子往往沉迷于电脑、手机、游戏，借此来慰藉自己孤独的心灵，这类学生通常在学校不爱学习，在家不做作业、不做家务，整天看电视、上网游戏等。笔者支教的九中学校，学生中大多数是留守学生，他们的父母把孩子留给爷爷奶奶带，自己常年在外打工不回家。一个班 54 个人，入校分班考试时数学只有 2 个人及格，而且都是刚过及格线，其他学生平均只有三四十分，这是我工作 12 年以来从未遇到过的情况。我深知留守儿童比较敏感，更需要关爱，所以在教育教学工作中，我认真钻研教材教法，因材施教，同时我在学生身上倾注了更多的关爱，以减少父母教育缺失对他们造成的影响。我经常与那些父母常年不在家的留守学生谈心，解决他们成长过程中遇到的各种困惑和烦恼，做好他们的引路人；对家庭经济困难的学生，我经常给予经济援助。有一次上晚自习期间，一个家庭经济很困难的男生悄悄把我叫到一边，说找我有事，结果支吾半天也说不出话来，最后在我再三询问下，他才鼓起勇气、满脸通红地说想向我借点钱，为了保护他的自尊心，不让他感觉到被施舍，我故作惊喜地说道："你知道我正要奖励你吗？这段时间你表现特别好，上课比原来认真多了，作业也写得工整了，而且带头积极发言了，进步真的很大，我正打算奖励你，但不知道是用物品奖励还是用现金奖励，正好你来了，想征求你的意见"听我这么一说，学生的目光由沮丧一下子变得神采奕奕，欣喜若狂，连忙问我："真的吗？太好了！这是我从小到大第一次得奖励，谢谢刘老师"这孩子当场给我一个大大的拥抱。从那以后，这个孩子学习更努力了，上课也越来越认真，每次发言都很积极，也爱找我聊天，向我倾诉他学习和生活中遇到的各种困难。我每次和他聊天时，都抓住他品性中的优点加以鼓励，他变得越来越阳光、越来越自信，学习成绩也由原来的及格线下逐步上升到 100 分以上，成为进步最大的学生。

从这个学生身上，我深刻体会到"学生是块璞玉，就看我们如何雕琢"这句话的含义。在学生心目中，我既是他们的老师也是他们的朋友，他们都愿意和我倾诉他们内心的想法和一些小秘密，无论是在学习上还是在生活中，我尽量发掘每个学生的闪光点，并给予大力的表扬和宣传，让他们变得越来越阳光和自信。

三、结论

学校帮助家长获得正确教育孩子的方法是非常有必要的,因为学生在家中以及在学校的时间是同等的。初中阶段学生的情绪往往不稳定,家长和老师要与学生进行更多的交流与沟通,及时对其进行安慰与引导,让学生积极面对压力与不良情绪,才有利于未成年人健康成长和全面发展。

第五章

中小学家庭教育指导校本课程的开发与实践

中小学家庭教育指导校本课程能贴近学生家庭实际需求,更好地提供个性化指导;促进教师的专业成长和发展;能体现学校教育价值取向,形成独特办学特色,满足多层次、多元化的教育需求。其具体实践路径包括:深入调研与分析,了解学生需求、家庭问题;评估学校资源,强化教师培训,提高教师课程开发与实施能力;融合不同学科知识,形成跨学科综合课程;创新教学方法,采用项目式、探究式等教学方法等。

小学家庭教育指导课程探索与实践

四川省泸州国家高新区小学校　唐小艳

为了更好地促进《中华人民共和国家庭教育促进法》的实施，泸州市江阳区自 2018 年以来，对区域内的家校共育工作进行了全面规划、资源整合和品牌孵化，但缺乏系统的家庭教育指导课程建设。

我校地处城乡交接处，学生的学习能力和行为习惯参差不齐，家长的文化素养和教育水平差异也大，为了改变这一现象，提升家长的家庭教育能力，修正学生的行为习惯和学习习惯，我校设计了符合国家政策、社会发展及学校育人理念的"新荷课程"，取得了一定成果。

一、课程目标及理念

（一）课程建设的目标

我校的家庭教育指导课程以培养"德、智、体、美、劳"全面发展的新时代社会主义接班人和建设者为目标，以为党育人、为国育才为己任，落实"立德树人"的根本任务。促进学生的全面发展是学校各项课程的最终目的。

基于学校的特殊校情，我校家庭教育指导课程的重点是针对家长开展家庭教育指导相关课程，另外还包含亲子课程及针对家长亟待解决的问题的相关课程。学校通过开展这些课程，帮助家长用科学的方法指导和养育孩子，使孩子健康成长和发展。家长通过课程的学习，提升了家庭教育的能力和水平，与学校协同育人，共同履行好教育的责任和义务，达到家校共育的目的，推动学校工作的健康和可持续发展。

（二）课程建设的理念

我校"新荷校园文化"的宗旨是"人人教育、差异教育"，我校的办学理念是"尊重差异，融合发展，让每一朵花儿精彩绽放"，目的是让学校的每个孩子都能得到最适合的教育和发展，让不同的"花儿"绽放出不同的"美丽"。学校和家长不仅需要关注孩子的学习成绩，更要关注孩子的特长发展和身心健康。课程建设既关注到学业较好的学生，又兼顾到习惯较差的学生，让全校的学生都能找到自己的优势和闪光点，将自己的学习力提升到最大限度。

二、课程设计与运用

我们从儿童发展的心理学角度分析出儿童在6～12岁大概有三个关键期：6～7岁幼小衔接关键期，9～10岁三年级过渡关键期，11～12岁小升初关键期。据此设计对应的家庭教育指导课程，以帮助家长明白不同阶段学生的身心特点和成长需要，正确地应对学生在各个阶段出现的各种问题，促进学生全面发展。

（一）通识课程

我校以3000亩荷花基地作为学生实践活动园地，建立了通识课程体系，学生通过不同的研学活动，培养学科素养和可持续发展潜力。家长伴护课程则以不同主题的家长会及家长课堂等活动展开，目的是改进家长的教育观念，构建和谐的家庭关系，促进家校共育的有效实施。我校设计的通识课程如下：

参与学生	通识课程		
		亲子课程	家长课程
6～7岁（幼小衔接关键期）	研学活动	咀阳荷花基地研学活动——赏荷	1. 主题家长会：幼小衔接指导 2. 家长进课堂：家风家训展示
9～10岁（三年级过渡关键期）		咀阳荷花基地研学活动——写荷、画荷	1. 主题家长会：学习方法及习惯指导 2. 家长进课堂：榜样家长进课堂
11～12岁（小升初关键期）		咀阳荷花基地研学活动——种荷、采荷	1. 主题家长会：心理健康指导 2. 家长进课堂：树立理想信念

（二）体验课程

体验课程以学生及家长共同参与的亲子活动为主，家长走进校园，了解校园文化、班级文化，陪伴学生走过人生重要的时刻，如小学入学典礼、开笔礼、10岁成长典礼等，与孩子一起学习、成长。课程的实施立足于帮助学生完成自我生涯的教育，丰富学生的学校生活，实现家校紧密联系。我校设计的体验课程如下：

参与学生	体验课程
	亲子课程
6~7岁 （幼小衔接关键期）	1. 一年级新生入学"闯关"活动 2. 开笔礼
9~10岁 （三年级过渡关键期）	10岁成长典礼活动
11~12岁 （小升初关键期）	毕业典礼活动

（三）特色课程

特色课程主要以主题或专题形式开展，针对学生在不同学段的具体问题，向学生及家长提供解决问题的方法，给家长提供科学的指导和合理的建议，使家长重视学生的身心健康教育。我校设计的特色课程如下：

参与学生	特色课程		
	亲子课程		家长课程
6~7岁 （幼小衔接关键期）	家校共育小讲堂	幼小衔接专题指导	1. "新荷"好爸爸课程 2. "新荷"好妈妈课程 3. "新荷"隔代教育课程
9~10岁 （三年级过渡关键期）		感恩教育、学习习惯专题指导	
11~12岁 （小升初关键期）		性教育、情绪管理专题指导	

（四）能力课程

学生不仅要学习知识，还要培养综合能力，比如：时间安排能力、口语和书面能力、人际交往能力等。我校结合校情及学生的具体问题，开展了学生实践能力的培养，将"劳动教育"纳入学校的"新荷课程"，以帮助学生在学习知识的过程中习得其他能力。我校设计的能力课程如下：

参与学生	能力课程	
	亲子课程	家长课程
6~7岁 （幼小衔接 关键期）	1. 早晚自己刷牙、洗脸，自己穿衣服、系鞋带； 2. 饭前便后会用七步法洗手，会正确佩戴口罩； 3. 自己整理的文具、书包、玩具等，物品摆放整齐； 4. 学会叠衣服、裤子等，会自己洗袜子； 5. 不乱扔垃圾，见到垃圾主动拾起； 6. 学会简单食物摆盘； 7. 饭前帮家人盛饭、摆碗筷，饭后收拾并擦干净桌子； 8. 独立洗澡，合理使用沐浴用品，注意节约用水； 9. 学习扫地、拖地、摆桌子和椅子； 10. 养一种自己喜欢的植物或动物，学会养护照顾； 11. 会收拾自己的房间	1. 指导力课程（专家、教师讲座）； 2. 担当课程（a. 家庭担当；b. 学校担当）； 3. 榜样课程（读书分享）
9~10岁 （三年级过 渡关键期）	1. 会煮米饭； 2. 会收拾书包、房间； 3. 学会做一道菜； 4. 关注劳动者的消息，并能绘制关于劳动的手抄报； 5. 给做家务的父母拍一组生活照片； 6. 会用洗衣机洗衣服，能根据衣物材质和颜色进行分类清洗； 7. 会用水果刀处理水果，能主动分享给父母、长辈； 8. 学会加热馒头、包子、包馄饨、水饺，煮鸡蛋（羹）； 9. 尝试自己独立购物、为父母取快递包裹	
11~12岁 （小升初 关键期）	1. 坚持每天整理书桌、书柜，打扫房间并保持整洁； 2. 坚持每天自己整理床铺，会自己换床单和被套； 3. 会洗刷、晾晒、收纳自己的鞋袜； 4. 管理家里一周的生活开支，并做数据分析，给出建议； 5. 主动参与社区公益活动，做防疫卫士和安全环保宣传员； 6. 饲养1~2种常见家畜或养护1~2种果蔬花草； 7. 学会清理厨房和厨房用具，再打扫卫生； 8. 会独立照顾弟弟、妹妹或家里老人； 9. 学会照顾生病家人的起居饮食； 10. 能独立完成做饭、炒菜、煲汤、照顾长辈； 11. 能根据说明书使用家用电器，小问题能及时处理； 12. 在家长的指导下学会电子支付； 13. 参与家庭日常购物或当地农忙活动	

三、课程评价与效果

（一）课程评价

我校结合"新荷文化制度"体系，构建了相应的"新荷少年""绿荷家长"等课程评价体系。通过丰富多彩的课程活动，充分发挥"家育"功能，培养"有理想、有本领、有担当的新荷少年"及"有学习力、有沟通力、有担当的绿荷家长"。

学生方面，对于基础课程的评价，我校在笔试的基础上，对学生实行新荷币积分管理，学生通过参与相关课程获得积分，有助于调动学生的积极性，激发学习和参与热情，使学生养成良好的行为习惯，便于学校动态掌握学生的学习状态及发展趋势。

家长方面，学校制定了"绿荷家长""最美家长"等评价机制，激励家长积极参与家长课程，帮助家长科学育儿，学会与孩子有效沟通，担当起家庭教育的责任，积极配合学校的工作，加强家校联系。

（二）课程实施效果

目前我校设计的家庭教育指导课程已经在学校实施，并在实践中不断完善。通过课程的学习，学生在各个方面得到了进步和发展，不同阶段学生的学习和心理等问题也得到了妥善解决，促进了学生综合能力的提高。

我校的家庭教育指导课程有极强的指导性和针对性，家长在培训活动中不断提升自我，提高了解决亲子关系的能力，改变了家庭教育观念，有效促进了家校的紧密联系，拉近了教师和家长的距离，增强了家校教育合力。

接下来，我校将继续探索家校共育途径，不断完善课程内容，改进课程评价体系，让家庭教育课程为学校、学生和家庭带来持续的、积极的影响。

核心素养视域下"初中家庭教育指导"校本课程开发实践

四川省内江市第一中学　赵华群　李乐

一、"初中家庭教育指导"校本课程的开发背景

（一）国家教育高质量发展目标的需要

中国式教育现代化是全面实现社会主义现代化的基石。实现中国式教育现代化必须着力推进教育高质量发展，建设和重构提高国民综合素质、促进人的全面发展的高质量教育体系，构建服务全生命周期的终身教育体系。"初中家庭教育指导"校本课程的开发有助于落实"家庭、学校、社会"协同育人模式，促进家校共育，为中华民族伟大复兴培养健康、全面发展的现代化建设人才。

（二）重构既守正又创新的新时代家国关系的需要

随着全球一体化步伐的加快，家庭观念受到外来文化的影响越来越大，如何重构既守正又创新的新时代家国关系，家庭教育指导就成为关键一环。当今社会的诸多问题，大到教育问题、文化问题、社会风气问题，小到一次冲突、一个突发事件，归根结底大多与家庭教育有关。家庭成员的失范行为往往是因为没有及时对其矫正和约束造成的。把传统"家事"上升为新时代"国事"，举国家和社会之力共同开展家庭教育指导服务，是新时代家国关系建设的迫切需要。

（三）家庭教育提质增效、家校共育时代新人的需要

家庭是人生的第一所学校，家长是孩子的第一任老师，家庭是国家发展、民族进步、人民幸福的重要基石。原生家庭代际传递的家庭家教家风对下一代言传身教、潜移默化的影响非常强大，因此要给孩子上好"人生第一课"，帮助孩子成为健康、全面发展的人才，这是"家庭、学校、社会"协同育人之功。"初中家庭教育指导"校本课程的开发利用，促进了家庭教育指导活动的开展，引导家长转变家庭教育观念，丰富家庭教育内容，优化家庭教育方法，提升家长的家庭教育水平，为家庭教育提质增效赋能，这也是当下父母

在教育子女问题上的急难愁盼,家校社协同合作才能共育出有理想、有本领、能担当民族复兴大任的时代新人。

二、指导服务理念

2022年12月,我校教师有幸加入四川省中小学名师工作室之"家庭教育指导教学"刘育聪名师工作室,建立了以学校校长为顾问、德育副校长为导师,由政教处主任、副主任以及全国心理咨询师、家庭教育指导师等成员组成的内江一中工作站教师团队。

为了更好地落实家校社协同育人机制,在内江市教育局倡导的"学在内江""五育并举和融合"理念的指引下,内江一中这所百年名校始终遵循"以人为本,滋情益慧;立范励志,追求卓越"的办学理念,努力营造"敬业精业,博爱智爱,美人美己"的教风和"勤学善学,知恩感恩,助人自助"的学风,在义务教育阶段第三轮新课改背景下,内江一中工作站教师团队进行了"初中家庭教育指导"校本课程的开发,并总结出家庭教育指导课程的理念内涵:家庭教育是学校教育和社会教育的基础,家庭教育重在教孩子如何做人,家长是家庭教育的责任主体,家庭教育是家长和孩子共同成长的过程,家庭建设是家庭教育的重要保障,尊重孩子成长规律是家庭教育的前提,尊重和保护儿童青少年权利是家庭教育的基础,"家、校、社"是促进孩子健康成长的共同体。

三、指导服务目标

家庭教育指导是指相关机构和人员为提高家长教育子女的能力而提供的专业性支持、服务和引导。经过近四个月认真研读学习《中华人民共和国家庭教育促进法》等国家大政方针,内江一中工作站教师团队开展了一系列如家庭教育指导寒假学习分享会、国家中小学智慧教育平台学习、家庭教育专题讲座、家庭课堂观摩、家庭教育指导沙龙、家长会等实践活动,对家庭教育的内涵、根本任务、主体职责和原则、工作机制、支持保障、家庭责任、社会和学校的支持、社会协同等有了很深的领悟,基于我校办学及发展理念,我们开发了"初中家庭教育指导"校本课程,注重培养家庭教育指导专业师,使工作站成员尽快成长为专业的家庭教育指导师,同时支持服务更多教师和班主任成为家庭教育指导者,目的是引导家长提高教育子女、依法育娃的能力,促进家长的家庭教育素养全面提升。

四、指导服务内容

家庭教育的内容或育人目标包括道德品行（德）、文化修养（智）、身体素质（体）、心理健康（美）、生活技能（劳）五个方面。依照家庭教育的五个育人目标，并根据孩子身心发展特点和表现，我们开发的"初中家庭教育指导"校本课程包含教学内容系统、教学资源系统、教学成员系统和教学手段系统，课程分为通识性和特设型两种类型。

（1）教学内容系统：分设通识性和特设性课程资源开发。

（2）教学资源系统：在通识性和特设性课程教学内容系统资源中分别开发出教学设计、教学课件、课堂实录、教学反思、教学说明"五个一"教学资源。

（3）教学成员系统：依托于四川省家庭教育指导刘育聪名师工作室，成立了内江一中工作站，成员为专业的家庭教育指导师，支持服务学校更多教师、班主任成为家庭教育指导者，合力引导家长提高培育子女的能力。

（4）教学手段系统：家庭教育指导可通过家访、电话交流、约请家长来校、家长会（课堂）、校、班开放日活动，家校沙龙、教育专家讲座、家长分享交流会、家长委员会等实践活动开展。

五、实践与效果

由四川省教师发展中心、内江市教育科学研究所德育和心理办公室提供理论方针和政策指导，由四川省家庭教育指导刘育聪名师工作室领衔人刘育聪老师亲自领导，内江一中工作站依托内江一中学校的支持开发了学校家庭教育服务指导方面的省级课程，并具体开展了实践活动，其中，通识性家庭教育指导课程主要在初一年级普及，特设型家庭教育指导课程在初中各年级衔接、螺旋上升实施，然后借助于四川省家庭教育指导刘育聪名师工作室推广应用到12个市15个工作站，以达到真开发、真指导、真利用、真实效的目的，取得了较好的雁阵效应；家校联动、校校联动、市市联动，社会影响广泛，效果明显，受到家长、学生、教师及社会的普遍好评。具体开展了以下活动：

（1）家庭教育指导学习研修活动，如工作站"寒假不打烊"坚持开展研修活动、学习家庭教育促进法、刘育聪名师工作室揭牌仪式暨研修活动、刘育聪名师工作室内江一中赵华群工作站开站仪式暨研修活动、内江市直属中学班主任技能大赛模拟家长会等，并在"四川省刘育聪名师工作室"公众号、

《四川新时代教育》杂志电子版、i 内江"学在内江"平台和全校师生、家长群内发布，形成辐射雁阵效应。

（2）开展家长会和家长课堂，对家长直接进行家庭教育的支持服务引导。如开展内江一中家长会活动培训、家长学习家庭教育促进法和相关国家大政方针、进行"沟通传递爱"的家长课堂、开展家校共育的家访活动等等。

（3）以课题研究带动内江一中"初中家庭教育指导"校本课程的开发，并积极申报了 2023 年四川省教育厅人文社会科学研究基地省级课题"教育高质量发展视域下初中'家庭教育指导'教学资源开发与利用研究"。

浅议家庭教育指导校本课程评价机制建设

四川省宜宾市第八中学校　曹英

一、背景：建设家庭教育指导校本课程是时代需求

随着2022年1月《中华人民共和国家庭教育促进法》的正式施行，家庭教育课程建设进入了快车道，无论是内容还是形式都在不断丰富。开展家庭教育指导校本课程建设有利于因地制宜开展有针对性的家庭教育指导，因为学校一线教师直接接触家长和学生，有条件长期进行家庭教育指导的深入细致研究，能够指导和追踪跟进一些特殊家庭的家庭教育情况。所以由学校一线教师开发家庭教育指导校本课程，能够使家庭教育指导研究更加深入。

家庭教育指导校本课程的受众以家长为主，在对学生家长的需求进行系统评估的基础上，结合学校自身的性质、特点、条件，充分利用当地社区和学校的课程资源，以学校教师为主体开发的一系列学习课程和实践活动，目的是满足现代教育提升家长家庭教育理念和能力水平的需求。

二、梳理：家庭教育指导校本课程评价机制要素

校本课程评价的意义在于调整和改善。有了校本课程评价机制，才能帮助优化家庭教育指导的校本课程建设。那么，如何以科学的方法检验家庭教育指导校本课程的目标、内容和实施情况？如何评价家庭教育指导校本课程呢？

（一）评价的指导思维

教师们在学校教育实践中发现：某一具体家庭问题出现的原因并不是某种单一因素，开展家庭教育指导校本课程建设必须建立起系统观的思维。

第一，对家庭教育指导的研究应从多学科视角出发，不能仅局限于教育学，因为仅在教育学领域寻找对策是不够的。为了更好地解决现实问题，我们还要运用生理学、心理学、营养学、卫生学甚至法学等不同学科的知识。系统观的思维在调查家庭教育背景以及在问题情境中思考家庭教育对策时尤其具有价值。

第二，由于缺乏系统观指导，很多学校的一线教师往往认为学生的问题要么是学生自身的问题，要么是家长的问题，没有看到学生的问题可能是整

个家庭系统的问题,甚至是学校机制和社会文化的问题。比如:调研家长的家庭情况要全面,因为家庭中的教育要素包括家庭自然条件、父母客观条件、父母主观条件三方面。其中,家庭自然条件包括家庭人口、代际关系、物质生活状况、居住环境等因素,父母客观条件包括父母的文化程度、职业、生活方式等因素,父母主观条件包括父母的教育观、教育方式、教育期望等因素。

第三,由于缺乏系统观指导,很多一线教师把学生父母当成家庭教育的责任主体,而忽视了家庭中的其他成员,如爷爷、奶奶等。对父母进行家庭教育指导其实只是家庭教育的一个方面,在现实中学生的监护人可能并不限于父母。

(二)评价的多元性

虽然家庭教育指导校本课程的受众是家长,但课程最终的有效性要落实到家长在家庭教育中的进步和对学生成长的影响上。在本文研究的中学生家长课程内容评价中,作为课程设计者的教师、作为受众的家长、作为参与者的学生都可以对已开发的家长课程内容进行评价,构建"家长—学生—家庭教育指导者"三位一体的多元评价机制。

一是要以家长的发展为根本,校本课程设计要符合家长的需求,有利于解决家长在家庭教育中遇到的急难愁盼问题,使家长在家庭教育观念和家庭教育能力水平上有向好的提升。在实践中,家长可以通过填写"自我学习评价表"来促进自我反思,提升参与家庭教育指导校本课程学习的积极性。一旦家长通过学习有了收获,从认知到转化为行动需要时间,效果显现也需要时间。所以,在后续跟进时可设计问卷调查,了解亲子关系的变化及与孩子的沟通情况,以验证家庭教育指导校本课程的效果。

二是要以学生的成长进步作为家长提升教育能力的佐证。应让学生参与到评价机制中,因为学生是家长成长的重要见证人。比如:学生在体质、智力水平、个性、品德、学业表现等方面的改变和收获能体现家庭教育指导校本课程的有效性。同时,家庭教育研究就是要致力于揭示教育者要素与受教育者要素之间的关系与互动过程。家庭教育指导校本课程是否真正促进了学生的健康全面发展是评价的根本点。

三是学校教师要确保家庭教育指导校本课程的质量。在实际操作中,要制定科学有效的家长课程评价标准来评估教学设计的科学性、合理性与适应性,在授课对象需求的分析、课程内容的选择、内容的目标、课程的组织形式等方面下足功夫。

（三）评价的方法

普适性的评价方法包括过程评价、结果评价、增值评价和综合评价，如下图所示。

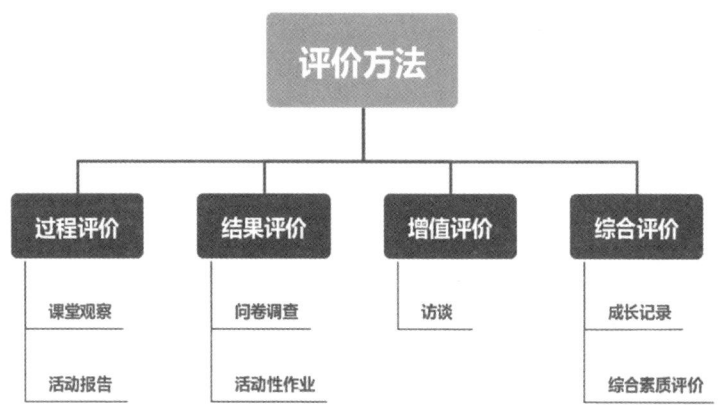

过程评价多为表现性评价。在家庭教育中，强调家长在真实或模拟的生活情境中运用先前获得的知识完成实际任务，通过观察家长的行动、展示、操作等真实的表现，评价家长在家庭教育"知""行"方面的状况，具体就是要关注家长对家庭教育指导校本课程的学习态度、努力程度、行为表现以及问题解决等。

结果评价是家庭教育指导校本课程实施过程中很普遍的评价方式。面向家长开展问卷调查是家庭教育指导中常见的评价方式。而访谈作为增值评价的一种形式，是对问卷调查的有益补充。

综合评价其实是在系统观指导下的评价。例如，在学生成长档案中记录开展家庭教育指导以来学生各方面的变化，就是很好的评价佐证方式。

不同的评价方法可以综合运用，选取何种评价方法要依据学校在实际开展家庭教育指导工作中的便利程度以及反馈的真实程度。

（四）评价的依据

评价有依据才不容易走偏方向，应参考家庭教育指导领域的法律法规和文件来作为评价依据。这些出台的法律法规和文件中凝聚了大量指导性强的科学理念和无数家庭教育领域内专家的智慧结晶。

1.《中华人民共和国家庭教育促进法》

家庭教育指导校本课程建设要与《中华人民共和国家庭教育促进法》中

体现的目标、理念、方法相呼应，因为这些法律法规体现了国家意志和社会需求，体现了时代需要，也体现了学生身心发展的规律和广大家长的普遍需求。

比如，设计的课程内容框架是否凸显家庭教育立德树人的总目标？又如，设计的校本课程具体内容能否对《中华人民共和国家庭教育促进法》中总结的九大家庭教育基本方法有所体现？因为这九大方法是经过实践检验而总结出来的家庭教育科学方法。

2.《全国家庭教育指导大纲》（2019 年修订）

《全国家庭教育指导大纲》作为评价依据之一，可以消除对家庭教育指导内容的误解和曲解。比如，家庭教育的总目标是立德树人，家长们确实有重智育的倾向，那么，在家庭教育指导课程中是否就一律不谈学习？并不是！而是要换一个尽量跟学校教育不重叠的角度来谈学习，可以开发"如何激发孩子的学习动力""如何增强孩子在学习上的自我效能感"等校本课程，这样才能避免重复建设，撑起有效的家校共育。

三、生成：家庭教育指导校本课程评价的具体实操

（一）宏观层面的评价

家庭教育指导校本课程建设是一个系统工程，它包括课程开发、课程优化、课程实施和课程推广，需要在宏观层面得到评价指引。

家庭教育指导领域的评价是个难点。受教育评价专家丹尼尔·斯塔弗尔比姆提出的 CIPP 评价模式启发，在它的七大评价环节（背景评价、输入评价、过程评价、影响评价、成效评价、可持续性评价、可推广性评价）中，对家庭教育指导校本课程研究最有启发性的环节有"输入评价""过程评价""可持续性评价""可推广性评价"，用于在宏观层面对家庭教育指导校本课程进行指导。

"输入评价"可用于家庭教育指导校本课程实施前。强调要充分考虑学习主题与方案所需人力、物力、财力的分配，力求形成一个最优的学习方案，避免出现无效家长课堂。各学校再根据本区域、本学校的学生特点做充分调研，进而选择合适的主题。

"过程评价"可贯穿于家庭教育指导校本课程建设全程。CIPP 模式强调过程评价的重要作用，在过程中发现问题，并及时做出调整与改进。家庭教育指导校本课程建设也不是一蹴而就的，必须有过程反馈。

"可持续性评价"可用于家庭教育指导校本课程的优化。如果课程可以循

环使用，就能编成课程资源包或者教材，促进家庭教育指导校本课程逐步走向常态。因此，能帮助优化课程设计的"家庭教育指导教学设计评价表"必不可少。

"可推广性评价"可用于家庭教育指导校本课程建设初步完成之后。比如：课程方案中的家庭教育问题情境是否与课程推广地的情况类似？课程方案在其他学校的适用性如何？是否契合当地家长的需求？

在 CIPP 评价模式中，"评价最重要的目的不在证明，而在改进。"这个基本观点在一定程度上突破了家庭教育指导课程评价的难点，因为它弱化了结果性评价，不是以目标达成度作为评价标准，强化了过程性评价，强调发挥课程评价在课程建设方面的反馈和指引作用。

（二）微观层面的评价

家庭教育指导课程的内容和实践形式都具有开放性的特点，它不仅体现在规范的家长课堂中，还体现在日常生活实践中。课程形式虽然是多种多样的，但万变不离其宗，"学教评一体化"的理念可以在微观层面应用于衡量不同形式的家庭教育指导校本课程质量。

把"学教评一致性"放到家庭教育指导教学中，需要注意"三个围绕"：一是围绕大纲和学情制定学习目标；二是围绕学习目标设计评估任务；三是围绕评估任务设计教学过程。

（三）实操层面的评价工具

在实操中，可根据家庭教育指导校本课程的不同形式开展分类评价，制定相应的评价工具，以便于直观呈现评价的情况。目前本文研究的校本课程形式有四类：专题讲座式、热点论坛式、活动体验式、七人座谈式。可以根据这几种不同的形式制定相应的过程评价表或调查问卷，并且可根据实际需要有选择地在课程实施前、实施中、实施后安排发放。开展家庭教育指导的教师和参与家长分别从授课情况和参与情况两个方面进行评价。后续还可以根据学生和家长的变化反馈进行评价。

以"活动体验式"授课形式为例。活动体验式课程使家长从被动听报告转入主动体验感悟。这种形式的课程注重引导家长融入情境，在亲身体验中纠正错误的教育观念和教育方式，习得一些实用的教育方法。可根据这些标准制作当场发放的"活动过程评价表"以及活动结束一段时间后再发放的"后续应用反馈表"来评估活动效果。设置"活动过程评价表"的目的是引导家长把课程中的体验和收获记录下来，同时对未得到满足的家长需求进行收集整理，形成课程改进的依据。而"后续应用反馈表"是为了促进家长学以致用。可设置以下问题：

（1）参加课程学习后，您有哪些变化？您和孩子、家人的关系有哪些变化？

（2）您觉得自己在哪方面还需要改进？

（3）您对课程有哪些建议？

上述两张表也可合二为一来收取家长的反馈信息。

总之，学校因地制宜、统筹规划，形成家庭教育指导的校本课程评价机制，有利于有效开展校本课程的顶层设计、下行落实和优化改进。课程评价对于课程目标的设置、课程内容的选择、教学方法的确定以及教学效果的呈现具有积极的反馈和指引作用。

课程评价应贯穿于整个校本课程建设，是校本课程建设必不可少的一环。

参考文献

[1] 朱永新. 我国家校共育的问题及对策[J]. 教育研究，2021(1).

[2] 张润林. 学校家庭教育指导工作手册[M]. 上海：华东师范大学出版社，2020.

[3] 钟洁. 中学家庭教育指导组织体系及其运行的研究[D]. 华东师范大学，2023. DOI: 10.27149/d.cnki.ghdsu.2023.000821

[4] 贾利平. 校家共育视角下心理健康教育研究[J]. 中小学德育，2024(4): 44-47.

[5] 马爱兵. 中小学家庭教育指导存在的问题及改进策略[J]. 教育理论与实践，2019(5).

[6] 卢青青，李雅虹. 提升中学生心理健康素养的有效策略[J]. 北京教育（普教版），2023(4): 66-67.

[7] 于忠宁. 家校社如何共画协同育人"同心圆"[N]. 工人日报，2023-02-01(006).

[8] 李利. 朋辈支持对促进留守儿童社会化发展的作用[J]. 中小学德育，2018(2): 2.

[9] 易连云. 德育原理[M]. 武汉：武汉大学出版社，2015.

[10] 朱键军，等. 学校氛围和青少年病理性网络游戏使用的关系：有调节的中介模型[J]. 心理发展与教育，2015, 31(2): 152-160.

[11] 孙配贞，余祖伟. 应对方式在中学生自尊与网络游戏成瘾中的中介作用[J]. 心理研究，2014, 7(5): 89-96.

[12] 卢家楣，王俊山，刘伟. 中小学班级氛围、班主任情感素质对青少年学生情感素质的影响：基于多层线性分析[J]. 心理科学，2014, 37(5): 1114-1121.

[13] 闫岩. 计划行为理论的产生、发展和评述[J]. 国际新闻界，2014, 36(7): 113-129.

[14] 张锦涛，等. 同伴网络过度使用行为和态度、网络使用同伴压力与大学生网络成瘾的关系[J]. 心理发展与教育，2012, 28(6): 634-640.

[15] 魏华，等. 网络游戏成瘾：沉浸的影响及其作用机制[J]. 心理发展与教育，2012, 28(6): 651-657.

[16] 吴燕. 高中学校学生心理健康"家校共育"的优化路径[J]. 素质教育，2021(15): 06-07.

[17] 苟小平，刘俊涛. 浅析家校共育对中学生心理健康的影响及构建策略[J/OL]. 现代教育，2022-5-14.

[18] 曹铭珍. 家校共育模式下谈中学生的心理健康教育研究——名师工作室[EB/OL]. 广东省教育资源公共服务平台，2023-10-23.

[19] 李毅. 家校协同提升心育实效——京二中依托家校合作促进学生心理健康[EB/OL]. 淘豆网，2022-02-17.

[20] 吴浩锦. 浅析家校协同开展心理健康教育[EB/OL]. 金锄头文库，2021-04-01.

[21] 王燕. 社区在青少年心理健康教育中的作用研究[D]. 云南大学，2019.

[22] 张琴. 高考后学生心理调适的策略研究[J]. 教育心理，2019(17): 23-25.

[23] 赵刚. 学校家庭社区协同教育的机制与模式研究[M]. 重庆：重庆大学出版社，2022.

[24] 雷广华. 家校携手同行共育在行动[J]. 宁夏教育，2019(Z1): 159-160.

[25] 李波. 创建家校协同共育机制的实践探索[J]. 创新人才教育，2023(02): 21-24.

[26] 秦玲，林燕. 家校携手担使命同心同行育全人[J]. 教育家，2021(19): 73.

[27] 朱永新. 家校共育，携手同行[J]. 中小学德育，2021(03): 79.

[28] 狄海芳. "双减"背景下的家校共育路径探索[J]. 校外教育，2022(13): 309.

[29] 吴金桂. 家校合作形成合力共育孩子健康成长[J]. 天津教育，2021(31): 3.

[30] 陈飞虎，赵广平. 个案概念化：发展、困境及整合模型[J]. 心理技术与应用，2021，9(8): 495-503.

[31] 刘丹，张婕. 个案概念化在系统家庭治疗中的应用[J]. 中国临床心理学，2014，22(4): 746-748.

[32] 菲利帕·佩里. 真希望我父母读过这本书[M]. 洪慧芳，译. 北京：中信出版社，2020.

[33] 阿黛尔·法伯，伊莱恩·玛兹丽施. 如何说，孩子才肯学[M]. 霍雨佳，译. 北京：中央编译出版社，2013.

[34] 杨晓翔. 以关怀的力量构建教育命运共同体[J]. 江苏教育，2022(2).

[35] 朱晓蕊. 立德树人教育思想的理论内涵与实践向度[D]. 湖南科技大学，2022-5-1.

[36] 李媛媛，柳海民. 学校家庭教育指导的价值、困境与出路[J]. 教学与管理，2023(1).

[37] 崔晓君. 家风家训对新时代农村家庭教育影响的研究[J]. 乡村论丛，2022(8).

[38] 任胜洪，张宇帆. 家庭教育中学校协同功能彰显的法治困境及其优化[J]. 民族教育研究，2023(8).

[39] 马歇尔·卢森堡. 非暴力沟通[M]. 阮胤华，译. 北京：北京联合出版社，2018.

[40] 金树人. 生涯咨询与辅导[M]. 北京：高等教育出版社，2007.

[41] 卢家楣. 对情感教学心理研究的思考与探索[J]. 心理发展与教育，2015，31(1): 78-84.

[42] 孟育群. 亲子关系与家庭德育研究[M]. 北京：教育科学出版社，2004.

[43] 尹秀平. 浅谈学校教育家庭教育社区教育及其教育合力[M]. 北京：中央民族出版社，2003.

[44] 李少聪. 非暴力沟通的父母话术[M]. 天津：天津科学技术出版社，2022.

[45] 杨娜. 亲子沟通的正确姿势[M]. 北京：中国纺织出版社，2022.

[46] 张爱军. 备课专业化：学教评一致性教学设计的理念与操作[M]. 长春：东北师范大学出版社，2021.

[47] 张志丹，鲁泉. 以评价推动家庭教育课程的建设与实施[J]. 江苏教育，2023(25).

[48] 杨雄，刘程. 新时期家庭教育学科发展与课程建设思路研究[J]. 当代青年研究，2021, 371(2).